幼儿园保教工作指导丛书

YOU'ERYUAN YIRI SHENGHUO ZUZHI YU SHISHI

幼儿园一日生活组织与实施

深圳市深投幼教运营有限公司 编

北京师范大学出版集团
BEIJING NORMAL UNIVERSITY PUBLISHING GROUP
北京师范大学出版社

图书在版编目(CIP)数据

幼儿园一日生活组织与实施/深圳市深投幼教运营有限公司
编. —北京:北京师范大学出版社,2016.7(2025.1重印)
(幼儿园保教工作指导丛书)
ISBN 978-7-303-19908-2

Ⅰ.①幼… Ⅱ.①深… Ⅲ.①幼儿园——日生活组织
Ⅳ.①G612

中国版本图书馆 CIP 数据核字(2015)第 296934 号

图书意见反馈 gaozhifk@bnupg.com 010-58805079
营销中心电话 010-58802181 58802755
编辑部电话 010-58808898

出版发行:北京师范大学出版社 www.bnupg.com
北京市西城区新街口外大街 12-3 号
邮政编码:100088
印 刷:唐山玺诚印务有限公司
经 销:全国新华书店
开 本:889 mm×1194 mm 1/20
印 张:12
字 数:236 千字
版 次:2016 年 7 月第 1 版
印 次:2025 年 1 月第 11 次印刷
定 价:32.00 元

策划编辑:罗佩珍 责任编辑:齐 琳
美术编辑:焦 丽 装帧设计:曹 敢 焦 丽
责任校对:陈 民 责任印制:赵 龙

编委会

本书为广东省教育科学"十二五"规划课题"幼儿园一日生活作息结构及组织策略的研究"主要研究成果之一。

前　言

幼儿园一日生活是幼儿一日在园生活和学习的全部活动，它既是幼儿园课程的内容，也是课程的载体。教育部在《3—6岁儿童学习与发展指南》《幼儿园教育指导纲要（试行）》和2016年新颁布的《幼儿园工作规程》里，均提出要珍视游戏和生活的独特价值，科学、合理地安排和组织一日生活。

基于对幼儿园一日生活之于幼儿园保教质量、课程实施及幼儿成长的意义、价值的认识和理解，深圳市深投幼教运营有限公司（原深圳市投资控股有限公司幼教管理中心，以下简称"深投幼教"）在2015年整理出版《幼儿园一日生活实施指引》后，于第二年又推出《幼儿园一日生活组织与实施》。一方面是对"深投幼教"所属幼儿园多年积累的教育实践经验进行更深入的总结、梳理和提升，另一方面也是对一年多以来读者们对《幼儿园一日生活实施指引》给予肯定和鼓励的积极回应，期望能为幼儿园合理安排和组织一日生活提供一套更翔实、更具体的实践蓝本，切实帮助更多的幼儿园提升保教质量，指引更多的一线教师进一步提升教育实践能力。

"深投幼教"所属的22所幼儿园是深圳市最早成立的一批公办幼儿园和首批优质特色示范幼儿园。近十年来，在创办"全国一流幼儿园"目标的导向下，我们不断探索专业内涵化发展模式，全力为幼儿园提供人力、经费和机制支持，邀请国内外知名专家介入指导，不断加强教育教学研究与培训，确保了22所幼儿园在深圳市学前教育行业持续发挥"领头羊"的骨干示范作用。凭借对优质学前教育的不懈追求，"深投幼教"各园十年如一日，在遵循学前教育规律的基础上，持续提升保教质量，致力于打造经得起专业论证的课程实践现场，不断推出幼儿园课程研究案例模板，研发提炼出理论与实操性兼备的幼儿园教育实践成果，并乐于与广大幼教同行分享经验。

可以说，本书是"深投幼教"22所幼儿园的一线管理者和教师利用自身专业基础和优势进行教育探索与反思，不断沉淀和累积专业经验资源，经长期实践研究推出的厚积薄发之作。书中所有内容与案例均来源于幼儿园教育实践经验，从一线实践者的视角，为教师提供一系列专业实操指引，帮助教师建立对幼儿在一日生活各环节中学习与发展的合理期望。本书的三至十八章分别从"核心关注""方法与流程""经验小贴士""参考案例"和"素材选编"五个维度说明与列举教师组织安排一日生活各环节的过程和方法。"核心关注"是对一日生活各环节的总体综述，重点讨论该环节是什么、为什么实施的问题，分别从环节的定义、内容、为幼儿提供的学习机会和发展价值及教师应该扮演的角色进行了探讨；"方法与流程"梳理了各环节较具普遍适应性的组织方法或具体流程；"经验小贴士"总结了各环节的常见问题及解决策略；"参考案例"中收集了一些具有参考价值的案例和做法；"素材选编"提供了一些可供参考备选的教育素材和资源。

本书是集体智慧的结晶。编写人员均来自"深投幼教"一线管理者和教师。感谢"深投幼教"所属的 22 所公办园的园长和教师，是他们教育实践的经验积累为本书奠定了扎实的基础。

衷心感谢天津师范大学梁慧娟博士，一如既往地指导和支持我们的研究与实践，在本书的编写过程中给予专业指导。

特别感谢北京师范大学出版社的领导和编辑为本书的出版所付出的努力。

编写人员在写作过程中参阅了一些研究成果和相关书籍，也借助各专业杂志和网站收集了丰富的资源。我们在文中都一一做了注释，谨向这些作者表示衷心的感谢。

由于编写人员认知视野及学术水平有限，本书还存在诸多不足之处，请广大专家、学者、同行提出宝贵意见，以利今后改进。

深圳市深投幼教运营有限公司

2016 年 4 月

目　录

为什么要重视
一日生活 ?

一日生活的
组织与实施

为什么要重视
一日生活？

➡ 一日生活
与幼儿成长

昊昊（5岁半）：
幼儿园的一日生活就是园长办公、
老师上班、小朋友们玩各种活动。

琳达（4岁）：
一日生活就是每天妈妈来接你回家的时候，
你要告诉她在幼儿园里面做什么事情了，
还有吃什么好吃的了，
最好全部都告诉她。

小乐子（3岁）：
幼儿园里我最喜欢出去玩，
大型玩具和淘气堡，
还有娃娃家和小医院。

第一章　一日生活与幼儿成长

幼儿园一日生活对幼儿的学习和发展具有重要价值，这主要是由幼儿学习与发展的特点所决定的。重视幼儿在园的一日生活，遵循幼儿通过直接感知、实际操作和亲身体验来获取学习经验的学习特点，了解幼儿一日生活各个环节所蕴含的教育价值，并据此合理安排幼儿的一日生活，是有效促进幼儿发展的基本前提。

一、幼儿在一日生活中获得成长和发展

在生活中学习和发展是幼儿学习的重要特点。幼儿学习的独特之处在于：以自己的生活为主要学习对象，又以自己的生活为主要学习途径，并以更好地适应生活为学习目的，即为了学会生活，通过生活来学习生活，学习与生活相互交融，学习、生活、发展三位一体。①

基于这一共识，《幼儿园教育指导纲要（试行）》明确要求："幼儿园应为幼儿提供健康、丰富的生活和活动环境，满足他们多方面发展的需要，使他们在快乐的童年生活中获得有益于身心发展的

经验。"《3—6岁儿童学习与发展指南》进一步强调："要珍视游戏和生活的独特价值，创设丰富的教育环境，合理安排一日生活，最大限度地支持和满足幼儿通过直接感知、实际操作和亲身体验获取经验的需要。"

可见，幼儿的学习是以直接经验为基础，在游戏和日常生活中进行的。因此，幼儿园教育的责任应该是引导幼儿投入本就属于他们的生活中去，帮助他们在活动中生活，在生活中发展。

特别要指出的是，在引导和促进幼儿在生活中学习、在生活中发展的过程中，应该正确理解和认识童年生活对幼儿学习和发展的独特价值。这一认识，不应该只是出于"功利"和工具性价值的考量，不应该仅仅因为高质量的幼儿教育能够给幼儿个体乃至整个社会都带来高额、正向的回报。作为幼儿教育工作者，我们必须认识到，"对儿童的生活、

———————

① 李季湄，冯晓霞：《3—6岁儿童学习与发展指南》解读，北京，人民教育出版社，2013，216页。

学习、发展的投资，不是指望未来他们会给我们什么回报，而是认为今天生活在这里的儿童本身是非常宝贵的。"[1]因此，我们必须认识到，儿童是独立的人，他们具有独立思考、独立判断、主动成长的能力和权利。

只有正确认识到儿童和儿童期的珍贵价值，我们才能真正在一日生活中放下成人的偏见，倾听儿童，理解儿童，为他们的成长提供适宜的环境和土壤。

二、一日生活对幼儿成长具有重要价值

幼儿园一日生活中蕴含着丰富的教育价值。但是，一日生活的延展不会自然而然地促进幼儿的学习发展。只有安排合理、渗透了合理期望并被有效组织的幼儿园一日生活才能发挥对幼儿成长的重要价值。因此，《幼儿园教育指导纲要（试行）》在第三部分"组织与实施"中提出，要"科学、合理地安排和组织一日生活"。

下面将对一日生活各环节蕴含的教育价值，以及系统、整体地对一日生活进行合理安排所能发挥的教育价值进行分析。

（一）一日生活各环节蕴含的教育价值

幼儿园一日生活主要包括入园/离园、自由游戏、教育活动、生活活动和户外活动五类活动，它们构成了幼儿在园一日生活的基本环节。每一个活动环节的存在，都是为了满足幼儿学习和发展的某些需要，都有其不可替代的价值。具体地，一日生活各环节所蕴含的教育价值分析如下。

1. 入园/离园

入园和离园是幼儿从家庭到幼儿园和从幼儿园到家庭的环境转换环节。做好入园和离园工作，有助于增进家园沟通，帮助幼儿适应环境转换，让幼儿感受到幼儿园的温馨，感受到自己是幼儿园的主人，从而以愉快的情绪开始和结束一天的生活。

2. 自由游戏

自由游戏是幼儿主动发起的活动。自由游戏为幼儿主动探索和学习提供了充分机会，有助于增强幼儿的自尊心和自信心，让其体验自由、自主的乐趣。

3. 教育活动

教育活动包括小组活动和集体活动。从小组活动的教育价值看，对幼儿来说，小组活动为他们提供了与同伴、教师交流、合作和分享经验的机会，更容易让幼儿主动积极地操作材料，并按自己的速度和方式去参与活动；对教师来说，小组活动有利于教师关注幼儿的个体差异，了解幼儿的个别发展状况，进而采取适宜的方式提供个别化支持。

---

① 李季湄，冯晓霞：《3—6岁儿童学习与发展指南》解读，北京，人民教育出版社，2013，217页。

集体活动是指参与活动的所有幼儿在同一时间内做相同的事情，整个活动过程以教师的指导为主。就其教育价值而言，集体活动有利于幼儿自我控制力、注意力、良好倾听习惯和集体意识的培养，但难以满足幼儿发展的个别需要。

4. 生活活动

生活活动是指满足幼儿基本生理需要、助其养成良好生活习惯、提高自理能力的活动，包括餐点、饮水、如厕、盥洗、午睡等环节。

合理、有序的生活活动具有这样一些价值：能有效满足幼儿的基本生理和心理需要；帮助幼儿建立良好的生活秩序和习惯；增强幼儿的自我意识，使之认识到自己是有能力的人；提高幼儿的自理能力，增强其自信心，使其获得心理上的安全感和成就感。

5. 户外活动

户外活动有助于满足幼儿身体运动的需要，能够提高幼儿的身体适应能力，增强其体质。

除以上五类基本活动外，幼儿园一日生活中还有一个起着"串珠成链"作用的重要环节——过渡环节。它主要是指幼儿由一个活动过渡到另一个活动的过程。过渡环节可以让幼儿在宽松、自然、有序的环境中，自主地完成要做的事情，为下一个活动做好心理准备，养成有序生活的良好习惯。严格意义上说，虽然过渡环节并不属于活动环节，但如果缺

少了它，幼儿园一日生活的"链条"就会发生断裂，一日生活的整体效益和价值也会大打折扣。

同时，以上几种类型的活动又可以合并为三大类，即生活与过渡类、学习与游戏类、户外活动类。

(二)合理安排一日生活的价值

幼儿园一日生活各环节蕴含的教育价值要得到充分、有效地发挥，离不开对一日生活的合理安排。合理的一日生活安排具有"可预测性"的特点，它具有如下价值。

1. 有助于给幼儿带来控制感和安全感

有序、连贯的一日生活安排，能使幼儿在身体和情绪的转换中感到舒适和安全，减少由于环境的不确定和多变带来的焦虑、紧张，从而在有序生活的过程中感到自信和从容。一日生活中如果总出现突发事件，带给幼儿的并不是惊喜，而是无所适从的慌张：接下来会怎么样？我的生活怎么总是一团糟？

需要注意的是，安排有序的一日生活常规不应该只是"时间序列上的活动安排"，更应该被看作是幼儿园环境的重要组成部分，它直接影响师幼互动的性质、方式与质量，影响幼儿能感受和体验到的心理环境。

2. 有助于促进幼儿的主动学习

合理的一日生活安排对幼儿在一天中每个环节要进行的活动做出规定。但

是，在每个环节中可以做什么，则应该在教师计划的基础上给予幼儿充分的选择权和决定权，这显然会极大地促进幼儿的主动学习。

3. 有助于促进幼儿的社会交往

合理、有序的一日生活安排，能为幼儿提供多种不同的社会交往机会。例如，共同商讨活动规则；在规则指导下进行分享、合作，甚至是冲突解决；在小组活动、集体活动中进行不同范围的交往等。

4. 有助于为教师提供观察和计划的框架

当有序的一日生活安排内化为幼儿自己的行动准则后，他们便能够更加自如地在"我可以掌控的、我的生活"中进行学习，这恰恰为教师提供了观察幼儿真实表现和发展水平的绝佳机会，教师也因此有了在观察的基础上设计、调整教育计划的有利契机。

需要进一步指出的是，合理安排的一日生活既然对幼儿成长具有如此重要的价值，那么，作为幼儿教育工作者，就必须潜下心来认真研究幼儿的生活；了解幼儿日常生活中发生的事情，了解他们在日常生活中遇到的真实问题和实际体验，创设富含教育价值的"生活化"学习环境，支持和帮助幼儿在一日生活中获得快乐健康的成长，更好地使他们成为生活的主人。

一日生活与幼儿园课程建构

谁的速度快？

欢欢：女，5岁，强强；男，5岁

欢欢：我喝水的速度比你快。

强强：我小便的速度比你快。

欢欢：我拉大便的速度和你一样快。

强强：怎么会呢？

欢欢：都要脱裤子呀！

Zzz

教师：乐乐，午睡时间到了，
你看大家都睡着了，你怎么还不睡觉啊？

乐乐（4岁）：老师，我爸爸说了，我才四岁，
还没到五岁呢！

毛毛（3岁半）：胡老师，为什么我们要睡午觉啊？

教师：睡午觉可以快快地长身体啊，
小朋友如果好好睡午觉，很快就长得高高的。

毛毛：那我一直睡一直睡，就可以和爸爸一样高了！

第二章 一日生活与幼儿园课程建构

幼儿园一日生活中蕴含的丰富教育价值，仅仅为通过一日生活来实施幼儿园教育提供了可能性。这些价值能否真正对幼儿学习和发展产生积极的影响，根本上还要取决于幼儿园课程的建构。基于"一日生活皆课程"的理念，幼儿园课程的建构应着眼于遵循安全、稳定性与灵活性相结合，幼儿与教师发起的活动保持平衡等原则，采用有效的课程实施策略，以充分、有效地发挥一日生活对幼儿学习与发展的促进作用。

一、幼儿园"一日生活皆课程"

幼儿园教育是通过幼儿在园的一日生活来组织和实施的。正如陶行知先生所说："生活即教育，真正的教育是生活与生活的摩擦。"而尊重幼儿的生活，被视为幼儿教育质量的核心，是"以幼儿为本"的幼儿教育的基本特征，也是当今世界幼儿教育的普适性追求。① 因此，在建构幼儿园课程时，应该牢固树立"一日生活皆课程"的理念。

(一)"生活化"是幼儿园课程的基本特征

幼儿在生活中学习和发展的特点决定了"生活化"是幼儿园课程的基本特征。这可以从课程内容和课程实施两个方面来理解。

其一，作为幼儿园课程最基本、最突出的特点之一，"生活化"要求在选择幼儿园课程内容时应该遵循"来源于生活，高于生活，回归于生活"的原则。所谓"来源于生活"，是指幼儿园课程的内容要来自幼儿的日常生活经验；所谓"高于生活"，是指幼儿园课程要对幼儿的日常生活经验进行提升，使之系统化；所谓"回归于生活"，是指幼儿通过幼儿园课程所获得的各种经验应该有助于其更好地生活。

其二，幼儿园的教育和课程是通过幼儿在园的一日生活来组织实施的，一日生活构成了幼儿学习和发展的最基本

---

① 李季湄，冯晓霞：《3—6岁儿童学习与发展指南》解读，北京，人民教育出版社，2013，218页。

环境。幼儿园课程经验化的有效途径，是把一日生活作为幼儿园课程整合的基点，就是要把课程与幼儿的一日生活紧密联系起来，充分发挥生活本身蕴含的教育价值。

(二)课程"生活化"的关键在于教师

幼儿园一日生活中蕴含的丰富教育价值，能否真正对幼儿的学习和发展产生积极影响，作为课程的设计者、实施者和评价者的教师，发挥着关键作用。

在幼儿园教育工作中，教师的角色既不是父母，也不是一般意义上的同伴。正如瑞吉欧所说，应该是"以专业的眼光赋予学习者和学习以价值的人"。这就对幼儿教师的专业水平提出了高要求。教师要能够在组织一日生活的过程中敏锐地发现各环节活动中蕴含的教育价值和契机，并通过及时、有效地支持和引导，将这些价值发挥出来，使活动中的幼儿获得价值引导下的发展。

(三)以"生活化"抵制幼儿教育小学化倾向

必须指出的是，树立"一日生活皆课程"的理念，重视将教育渗透于一日生活安排之中，通过幼儿园一日生活的每个环节来为幼儿的学习和发展创设适宜的环境、提供适宜的指导，实际上也是"对幼儿教育小学化倾向的有力抵制"①。从幼儿在生活中学习、在生活中发展的特

点出发，幼儿园课程不能像小学那样以"上课"为主，而必须通过创设丰富的游戏和生活环境，提供适宜的支持和引导，来促进幼儿在游戏中、生活中自主、自由的主动学习。

二、安排与组织一日生活的基本原则

幼儿园在安排和组织一日生活时，应遵循以下原则。

(一)创设温馨、安全、有序的环境

幼儿园环境包括在园幼儿直接生活与游戏的活动室环境和户外环境。环境的创设应该让幼儿在一日生活中感到愉快、温馨、安全、有序，这样，幼儿才愿意探究、主动、积极地开展学习和游戏。

首先，应创设"温馨的"幼儿园环境。这就要求，一方面，教师要注重营造幼儿与同伴、教师之间相互尊重、爱护、帮助的友好合作氛围；另一方面，教师要以积极的心态关心和了解每一个幼儿，主动与其交流，热情回应他们的不同需要。

其次，应创设"安全的"幼儿园环境。幼儿园环境包括物质环境和心理环境两方面。相应地，教师应该确保幼儿园物

---

① 李季湄，冯晓霞：《3—6岁儿童学习与发展指南》解读，北京，人民教育出版社，2013，237页。

质环境和心理环境都是安全的。其中，安全的物质环境体现在：凡是有幼儿进入的场所、场地都应有成人看护，保障其人身安全；保证活动室、户外活动场地和各种活动材料的清洁、卫生；保证幼儿所使用的各种材料、玩具、工具、器械等符合国家规定的安全标准，确保不存在任何安全隐患。安全的心理环境体现在：让幼儿在环境中按自己的兴趣、意愿和需要选择活动，自由地进行探索、交往和表达；允许幼儿以不违反生活常规的、自己的方式进行游戏和探究。

最后，应创设"有序的"幼儿园环境。这就要求教师要制订幼儿能理解的，并符合其特点的公共规则，如进入活动区的规则，以帮助他们有序地开展活动；环节过渡要自然、有序、安全；成人之间应相互配合，共同做好一日生活的组织和指导。

(二)常规安排要稳定性与灵活性相结合

1. 常规安排应具有一定的稳定性

幼儿园应根据本园实际情况和幼儿生理、心理发展需要制订科学、合理、稳定的生活制度与常规。为此，应保证幼儿有规律地生活与游戏，避免幼儿因不必要的紧张、忙乱而产生失控感和不安全感；应相对稳定地执行幼儿园的作息制度，使每个幼儿都知道每天日程的基本安排，形成初步的生活节奏感，为接下来的活动做好心理准备；应尽可能地减少环节转换。

2. 常规安排应具有相对的灵活性

一日生活安排在保持稳定性的同时，还应根据幼儿活动的实际情况（表现、进程、需求等）灵活调整。一方面，遇到特殊情况或需要可适当临时调整日程安排，但要事先告知幼儿，以使他们有心理准备，避免其情绪产生太大波动；另一方面，在具体的活动环节，可根据幼儿的表现和需要适当地缩短或延长活动时间。

(三)幼儿的自由活动与教师组织的活动保持平衡

从活动的发起方来看，可以把幼儿在园的活动划分为幼儿的自由活动和教师组织的活动两大类。它们是幼儿园的主要活动。其中，教师组织的活动一般包括晨谈、教育活动、餐前和离园准备等活动。

两类活动在时间安排上应保持一定的平衡。这就要保证幼儿有足够的时间和场地进行自由游戏；教育活动应尽可能采用小组教学活动，让幼儿有充分的表达和表现机会，注意观察、了解每个幼儿的需要并积极做出回应；根据幼儿的学习特点和内容需要，适量采用集体教学活动，并在活动中尽可能让幼儿主动探索和游戏。

三、安排与组织一日生活的基本策略

幼儿园在安排和组织一日生活时，可采取如下策略。

(一)注重安排的整体效益

幼儿在园的一日生活是一个教育整体，一日生活中各类活动（入园/离园、自由游戏、教育活动、生活活动、户外活动）的安排与组织应充分发挥活动间的互补作用，做到生活中学习、游戏中学习。为此，应树立一日生活安排的效益观和整体观。

1. 效益观

幼儿园教育的目的，决定了幼儿园一日生活不能完全等同于幼儿的家庭生活。因此，幼儿园教育必须注重一日生活安排与组织的效益——促进幼儿身心全面和谐发展。这就要求起关键作用的教师从课程目标、内容选择和组织实施等设计要素入手，以促进幼儿有效学习和发展为基本评价目的，关注一日生活安排与组织是否实现以及在多大程度上实现着幼儿园课程目标和教育目的，并根据"生成课程"的要求，在活动过程中及时调整课程。

2. 整体观

一日生活中各环节教育价值的充分发挥，取决于各环节有机配合的"合力"，即"整体大于部分之和"。因此，一日生活的合理、有效安排，应从整体观出发，有机地整合各个环节、各项活动，努力提高各项活动的整体成效，而不应只注重每个活动环节的精打细磨，更应跳出细节，关注如何"串珠成链"，让一日生活迸发出整体的迷人光彩。

(二)注重班级成人之间的默契配合

成人在一日生活安排与组织工作中的配合，体现了成人教育的一致性。成人之间的配合不当、不一致，不仅会导致生活安排的无序，还不利于幼儿控制感和安全感的产生。

(三)帮助幼儿了解生活常规及其变化

如前所述，幼儿对稳定的一日生活常规的了解与熟悉，有助于其心理控制感和安全感的建立。在一日生活常规的建立与执行过程中，教师应注重赋予幼儿这个"小主人"以足够的"知情权"。为此，入园之初应花时间向幼儿介绍和讲解一日生活制度和常规，还应在常规调整和变化前告知幼儿。

(四)逐步引导幼儿学会自我安排

幼儿是学习与发展的主人。因此，在安排和组织幼儿在园的一日生活时，教师应尊重幼儿的主体性，从外在规约向调动幼儿内驱力转变。为此，应帮助幼儿将生活制度和常规内化，引导其逐步从外在的控制与管理向有效的自我安排与管理转变，使其真正成为自己生活的掌控者。

一日生活的
组织与实施

入园

海平（4岁）：
入园的时候王医生要检查，
用手电筒看嘴巴里面有没有虫子，
你就要把嘴巴张开，
还要把手翻来翻去。

子萱（3岁半）：
妈妈送我来幼儿园的，
要走的时候我就很想哭，
但是下次我就不会哭了。

晓旭（4岁半）：
早上林林老师总是要抱抱我，
她一定很想我了吧！
呵呵……

第三章　入园

核心关注

一、基本描述

入园是幼儿在园一日生活的第一个环节，是一天集体生活的开始，也是幼儿园与家庭每日良好衔接的第一步，更是培养幼儿独立自理、文明礼仪等的有效教育途径。

二、对幼儿而言，在入园环节中可以——

☆和家人、同伴、教师积极互动，感受亲人和集体的温暖，养成有礼貌的习惯。

☆独立有序地完成晨间入园的所有事情，如与教师、同伴打招呼和问候、刷考勤卡、配合晨检、放晨检牌、整理书包、洗手、喝水等，发展独立自理能力，并养成做事有序的习惯。

☆参与集体事务，通过值日生工作等尝试为集体服务，如照顾植物，整理物品，协助教师做好晨间活动的场地布置，观察和记录天气，并向大家预报等，从中学习承担责任。

☆参与晨间锻炼等活动，唤醒身体的机能，激发饱满的情绪，养成良好的运动习惯。

三、对教师而言，在入园环节中应该——

☆提前预备好安全、卫生、温馨的环境。

☆热情迎接每一位幼儿，让幼儿感受到安全与爱。

☆观察、了解每一位幼儿的身体和情绪状况以及衣着等是否合适，对情绪稳定的幼儿，鼓励他们与教师及同伴热情互动，营造快乐融洽的氛围；对情绪不好的幼儿积极了解原因，并表示理解和给予适宜的帮助。

☆提醒及协助个别幼儿完成入园整理。

☆与个别家长进行交流，耐心倾听家长的嘱托。

☆在时间充足的情况下鼓励并积极组织幼儿参与晨间锻炼活动。

方法与流程

一、入园前的准备

(一)入园通道准备

在人群集中的大门口及主要通道设置交通引导设施，明确进出通道，引导人群有序出入；礼仪处的教师召集承担礼仪任务的幼儿，检查其服装及礼仪标识的佩戴，讲解和示范礼仪要求；行政值班领导、保安人员等在门口准备迎接幼儿入园。

(二)晨检处准备

园医准备好晨检用具，如晨检桌、手电筒、体温计、晨检牌等。

(三)教室准备

班级教师提前打开门窗，准备好幼儿用品（毛巾、水杯等），保证教室卫生整洁、空气流通。

二、幼儿入园六件事

(一)进园

幼儿在幼儿园大门口与家长道别后，独立进园，个别有需要的幼儿由家长陪同进园。

(二)问候

与在幼儿园大门口值班的教师、门卫、负责礼仪的小伙伴以及去教室途中遇到的人相互问候。

(三)考勤

幼儿进园后，自主进行考勤，在考勤机上刷考勤卡或者在固定位置放置考勤牌。

(四)晨检

幼儿排队等候并主动配合晨检，如直立站稳等待测量体温、伸出双手配合医生查看等，并领取医生发放的晨检牌。

(五)整理

幼儿来到班级，将书包放到自己的书包柜中。如有需回收的资料、通知等，将其放入指定的回收筐；并视需要进行如厕、洗手、放杯子、挂毛巾、喝水等自我服务活动。

(六)晨间活动

值日生活动：幼儿可以依据预先的计划或是当下的意愿选择服务的活动内容，如照顾植物，整理物品，协助教师做好晨间活动的场地布置，观察和记录天气，并向大家预报等。

体育锻炼活动：幼儿在教师的提示下或通过看活动指引牌等明确活动场地。

幼儿入园前，教师应根据晨间锻炼计划表指定的活动场地准备相应的器械。

三、晨间入园过程中各岗位人员各司其职

门卫：维护幼儿园门口的秩序与安全。

值班领导：整体巡视并在幼儿园门口迎接幼儿。

礼仪处教师：与承担礼仪任务的幼儿一起迎接来园的每一位幼儿。

园医：按照晨检要求为每一位幼儿进行健康检查，做好晨检记录。

班级教师一：主要在班级教室内，用积极、热情的态度迎接每一位幼儿，与入园的幼儿、家长相互问候和交流，观察每位幼儿的情绪和身体状态，引导幼儿愉快地开始一天的集体生活。对于刚入园的幼儿，以稳定情绪为主；对于已适应幼儿园生活的幼儿，则引导幼儿自己独立进园，重点关注情绪异常和有特殊需要的幼儿，并协助负责值日的幼儿完成值日工作。

班级教师二：主要在户外活动场地，预备好适宜的环境，组织陆续到来的幼儿参与晨间锻炼活动。

安全指引员：引导幼儿安全通行，尤其是在上、下楼梯及转角处，同时留意在途中逗留的幼儿，并视需要提醒幼儿及时回到教室。

经验小贴士

💛 防止失误的喂药委托书

为了保证幼儿服药安全，教师可以设计《喂药委托书》，放在幼儿园的网站上，家长可以根据需要自行下载。《喂药委托书》的内容包括服药日期、班级、幼儿姓名、药物名称、每次用量等。通过家长的填写，园医可以清楚地了解幼儿服药的具体要求，而且在给幼儿喂药后班级教师还需确认签字。这样不但保证了幼儿服药的准确性，而且明确了园医和教师的责任。

《喂药委托书》使用说明：

1. 请家长在家里提前填写好，和药品一起装在小袋子中，晨检时连同医生的处方或病历交给园医查验。

2. 园医喂药前核对药品、药量等情况，确保幼儿按时安全服用，并签名。

3. 班级教师确认幼儿已服药，并签名。

4.《喂药委托书》由幼儿园保健室统一保存。

5. 委托书可在幼儿园网站下载，复印有效。

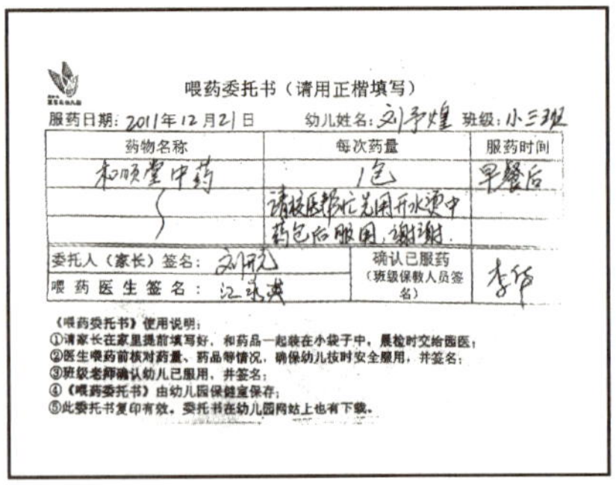

图 3-1　喂药委托书

💛 问候方式大小有别

小班：教师可以多用肢体语言与幼儿交流，如抱一抱、亲一亲；还可以叫他们的乳名，说一说他们感兴趣的话题等。

中班：教师可以亲切地和幼儿拉拉手，或者蹲下来与幼儿交流几句，说一些激励和赞美的话，如"××小朋友，你今天真精神。""你一笑就露出大白牙了，早上刷牙很认真吧！"

大班：教师可以以幼儿朋友的身份出现，与幼儿击击掌或拍拍肩，给他们一个甜甜的微笑或者一句激励的话。

💛 履行职责的礼仪小天使

为了更好地体现幼儿园的精神面貌，培养幼儿的责任感，同时将幼儿园的文明礼貌教育贯穿于晨间入园的环节中，幼儿园可以专门设置"礼仪小天使"的迎宾工作。

"礼仪小天使"操作指引：

1. 学期初，由幼儿园制订好礼仪小天使的轮值表，每周一个班级负责，每天 5～7 位幼儿值日。

2. 由幼儿园统一制作礼仪小天使的温馨提示卡、值日胸牌或绶带。

3. 教师根据本班的轮值周次制订《礼仪小天使人员安排表》，通过新学期家长会或短信平台，提前告知并请家长届时配合。

4. 幼儿值日前一天，班级教师发放"温馨提示卡"给第二天值日的幼儿，家园配合激发幼儿承担礼仪小天使任务的积极性。

5. 幼儿按时来园，礼仪处教师为值日的幼儿讲解迎宾的要求，并收回"温馨提示卡"，为幼儿佩戴值日胸牌或绶带。

6. 结束后，礼仪处教师收回胸牌，与幼儿一起对迎宾工作进行简单交流和总结。

7. 礼仪处教师带幼儿回班，并把温馨提示卡送到下一个值日的班级。

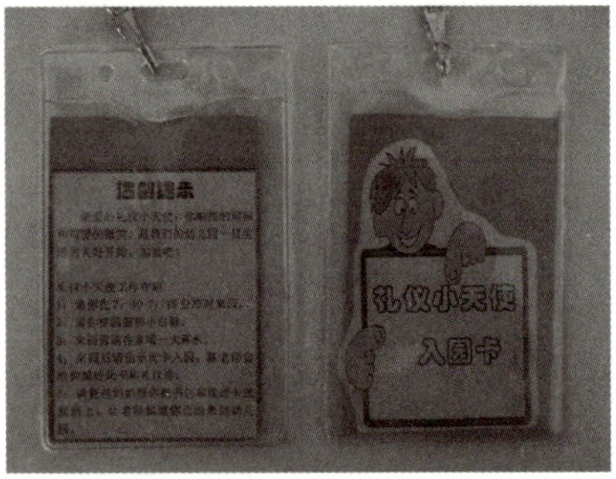

图 3-2　"礼仪小天使"温馨提示卡

💛 独立进园好处多

培养幼儿的独立性从幼儿独立入园

开始。幼儿独立完成打卡考勤、问好、进班、整理等事情，不但可以培养自我服务能力，同时还能培养责任感，使幼儿从步入幼儿园开始就能进入有序的集体生活。

培养幼儿独立入园的策略：

1. 家园协同，培养幼儿养成良好的生活作息习惯，早睡早起，保证幼儿来园前的情绪愉快。

2. 请幼儿观看中班、大班幼儿独立入园的视频。

3. 利用班级环境，创设"我能早早上幼儿园"的主题，鼓励幼儿积极地按时来园。

4. 教师在离园前告知幼儿第二天的晨间活动安排，激发幼儿来园的积极性。

5. 给予小班新入园幼儿一定的适应时间。可在刚入园的几周，安排本班教师到幼儿园门口迎接幼儿，并根据具体情况进行护送，然后再逐步放手。

图 3-3 "我能早早上幼儿园"主题墙一

图 3-4 "我能早早上幼儿园"主题墙二

💛 细心观察的安全指引员

为了培养幼儿的独立性，在晨间入园或晨间锻炼环节，教师可要求幼儿自己走到班级放书包，然后到户外活动场地锻炼。为确保幼儿能够安全、顺利地进出所在班级，幼儿园可在楼梯口或走廊等关键位置安排安全指引员进行提醒或指引，防止幼儿在进出班级途中随意逗留或发生意外。

💛 入园后的整理与自我服务

教师可要求幼儿将需回收的资料、通知等放入资料回收筐，并把书包放入自己的书包柜中。

自我服务包括：

1. 小班幼儿自己换鞋、洗手、放杯子、挂毛巾、喝水、如厕等。

2. 中班幼儿不仅会自我服务，还能为他人服务，如放杯子、挂毛巾、翻日历、更换晨间锻炼指引牌等。

3. 大班幼儿的自我服务更加熟练、迅速，且乐于为他人服务，如积极承担值日工作、协助教师拿放体育器械、出汗了知道脱衣，以及参与"大带小"，协助小班弟弟妹妹入园等。

♥ 多功能的户外活动指示牌

根据幼儿园《户外活动场地安排表》，结合各年龄段幼儿的特点，教师可以和幼儿一起设计多功能的户外活动指示牌。小班结合户外场地的照片进行设计，中班以文字加照片的形式进行设计，大班结合幼儿的表征图进行设计。户外活动指示牌不仅能使幼儿清楚地了解当天户外活动的地点，还可以为来到班级的幼儿园其他工作人员及家长提供有效的指引。

"户外活动指示牌"操作指引：

1. 开学前，课程中心根据园内的场地、设施和季节，制订本学期《户外活动场地安排表》。

2. 各班教师拍摄户外活动场地照片（大班可以用绘画表征的方式），制成图文并茂的卡片。

3. 制作门口提示牌的底板，底板中间设计插卡的透明袋子。

4. 户外场地门牌的资料存放在班级活动室门口、方便取放的地方。

5. 教师根据场地安排表，提醒幼儿找到当天晨间锻炼地点的图卡，插入底板的袋子中，挂在门把上。

图 3-5　户外活动指示牌

♥ 细致周到的家长放心本

在晨间入园时，教师要专注地组织幼儿活动。当个别家长有特别嘱咐时，可直接在"家长放心本"中书面留言，班级教师会及时查看、记录，同时也方便回忆和追溯。

"家长放心本"的封面内容包括：班级名称、标题等。同时做好本子和笔等摆放的标示，方便家长自行取放和使用。

图 3-6　家长放心本

💛 **深圳市莲花北幼儿园晨间接待的流程与方法**

流程	幼儿行为描述	图示	教师、工作人员行为描述
入园	与家长道别后，根据标识，独立从入口进园； 主动与教师、同伴问好。	 **图 3-7 入园**  **图 3-8 问候**	工作人员面带微笑，主动向小朋友鞠躬问好。
考勤	打卡； 把考勤卡放入书包小格中。	 **图 3-9 考勤打卡**	幼儿自主完成入园的打卡考勤。
晨检	主动向园医问好（有需要服药的幼儿会将药品交给园医）； 会张嘴、伸手，配合园医做好晨检； 主动向园医道谢。	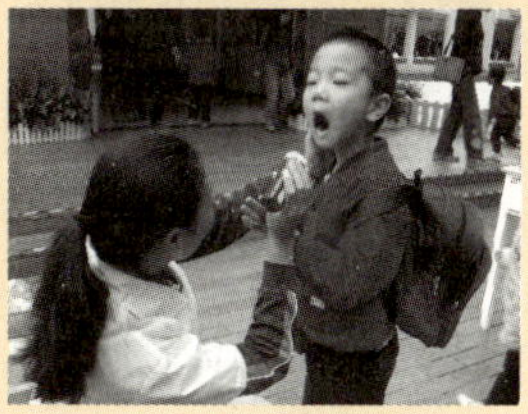 **图 3-10 晨检**	园医观察每一位幼儿的气色、情绪，对患病幼儿要做到一摸、二看、三问、四查，了解患儿的身体状况，做好病情记录； 为服药的幼儿佩戴红色手圈，为需要剪指甲的幼儿佩戴黄色手圈，为需要观察的幼儿佩戴绿色手圈。

流程	幼儿行为描述	图示	教师、工作人员行为描述
途中	主动与途中遇见的教师、同伴问好；根据本年级的路线安排，安全到达指定场地。 小班：大门口—门厅——楼走廊—教室 中班：大门口—门厅—西楼梯—二楼走廊—教室 大班：大门口—操场	 图 3-11　安全指引员  图 3-12　上楼梯	安全指引员面带微笑，双眼注视着幼儿的眼睛，鞠躬问好； 提醒幼儿按照各年级的路线进班，上下楼梯靠右行，不在路途中逗留。
问候	主动与班级教师问候、交流。	 图 3-13　问候  图 3-14　交流	1. 主动问候 教师以良好的微笑姿态站在教室门口迎接幼儿，互相问候，引导幼儿主动使用礼貌用语和教师打招呼。 2. 个别教育 注意观察情绪不好的幼儿，耐心了解原因，解决问题，引导幼儿开心起来； 关注需要服药和观察的幼儿，及时了解其身体健康状况。 3. 家园沟通 与个别有需要的家长进行简短的沟通； 指引家长在"家长放心本"中留言。

流程	幼儿行为描述	图示	教师、工作人员行为描述
整理	将需回收的资料、通知等放入资料回收筐；将书包放入书包柜中；如厕、洗手、喝水，夏季还需拿毛巾垫在背后，方便出汗后更换；值日生做好放杯子、挂毛巾、翻日历、更换晨间锻炼指引牌等工作；到指定的户外活动场地参加晨间锻炼。	 图 3-15　整理书包  图 3-16　放杯子  图 3-17　放活动指引牌	提醒幼儿将回收资料摆放整齐，并留意幼儿手中或书包中是否有危险物品，如钉子、刀片、石子、火柴等，防止安全事故的发生；针对不同年龄幼儿自我服务的内容，有针对性地进行指导：小班幼儿如厕后再洗手、放杯子；中班鼓励值日生为小朋友服务；大班协助教师拿放体育器械等。

♥ 活动设计

问候歌

🐦 设计意图

很多幼儿园在迎接幼儿来园时，教师的问候容易流于形式，很难让幼儿感受到关爱和热情。此活动借改编歌曲为教师提供了一种创新的日常问候方式，以便让幼儿更深刻地感受到教师的欢迎。试想，如果每个清晨教师都能站在门口唱起欢迎曲问候每一位到园的幼儿，幼儿一定会带着美好而愉悦的心情开启一天的集体生活。

🐦 活动要点

教师歌唱时，要注视幼儿。

🐦 活动实施

欢迎曲可以借鉴《新年好》的曲调，歌词变为："早上好呀，早上好呀，××小朋友早上好！"

创意变化——可以借鉴其他曲调简洁明快的歌曲改编。

💛 观察记录

观察对象	张宁		性别	女	年龄	4.5 岁
观察教师	深圳市莲花北幼儿园潘艳		观察日期	2011 年 9 月 14 日	观察班级	中二班
观察目标	幼儿担任值日生的任务意识		环境	门口大厅，1 位教师，6 位幼儿		
观察记录	7：40 分，宁宁穿着园服和小白鞋，拉着妈妈的手，有说有笑地来到幼儿园。在幼儿园门口，宁宁朝着礼仪处的陈老师说："陈老师，早上好。我是礼仪小天使。"陈老师说："宁宁，早上好。今天很准时啊！" 　　陈老师一边帮 6 位幼儿更换礼仪小天使的值日牌一边问："你们知道礼仪小天使要怎么做吗？"宁宁举手回答道："我知道。要立正站好，有小朋友来的时候，要鞠躬，大声地说早上好。" 　　了解了礼仪小天使的要求后，幼儿分两组站在门口大厅的两侧，准备迎接小朋友。 　　7：50 分，大门打开了。当小朋友走过门厅时，宁宁微笑着，一边鞠躬一边说："小朋友，早上好！"小朋友来得越来越多了，她脸上一直保持微笑，给每位经过的教师和小朋友鞠躬问好，就这样坚持了 10 分钟。 　　礼仪小天使的任务结束了。宁宁看着陈老师奖励给她的两张贴纸，笑着跟同伴说："你看，我有两个红花！陈老师说我今天表现很好！"说完她笑着回班了。					
评析	宁宁能做好礼仪小天使的准备工作，按时来园，了解值日的要求，并用行动完成礼仪小天使的值日工作，主动与人打招呼，知道与他人打招呼的时候，眼睛要注视着对方的脸，还要弯腰鞠躬。整个过程表现出宁宁对礼仪小天使的值日任务意识强，态度积极主动，同时具有较强的语言表达能力和自律能力。					
建议	继续开展值日生活动，培养幼儿为他人服务的意识；在与同伴的经验交流活动中，可以邀请宁宁给小朋友做示范，激发值日生的自豪感。					

💛 教育随笔一

入园焦虑幼儿的个别教育

深圳市莲花北幼儿园　郑素云

　　新学期班里来了一位新朋友，她叫莹莹，4 周岁，在班级中年龄最小。开学三周了，虽然有妈妈的劝导，但莹莹的情绪还是不稳定，半拖半抱地勉强来到幼儿园。妈妈离开时，莹莹再也控制不住自己的情绪了，放声大哭起来，紧紧地抱住妈妈的腿，哀求道："妈妈，别走！"她的焦虑情绪，在妈妈走后半小时左右才能平稳下来。其实，幼儿面对新环境不适应，有短期的哭闹是正常的。但像中班的莹莹已在本园就读一年，入园焦虑却丝毫没有减轻，且持续时间这么长并不多见。

为了找到原因，我仔细观察她在一日生活中的表现，发现她在幼儿园一天的活动中，很少开口说话，也很少和其他小朋友一起玩；她喜欢单独游戏，有时候专注地看和听同伴的互动，但不发表意见。她的害羞、焦虑等表现反映出她具有一定的儿童社会退缩行为特征。

同时，我还通过家访、与莹莹以前的教师交流等多渠道去了解孩子。从亲子班教师口中我了解到，孩子在亲子班学习中单独游戏多，必须在家长的陪同下参与集体活动。在与莹莹妈妈的沟通中得知，莹莹从小性格内向，接触的人特别少，而且孩子在家园不同环境中的表现具有两面性。在家中她非常活跃，什么都要她来分配，什么都要她是第一，没有拿到第一就哭闹，很固执。最重要的是，莹莹经常和妈妈说起她在新班级的压力："我们班的那些小朋友都很厉害的！"

针对上述情况，我们分析莹莹是因为面对新环境，交往能力缺乏，害怕失败而造成来园焦虑，以及社会退缩行为，于是根据莹莹的情况制订了相应的教育策略：

第一，建立融洽的师幼关系。

安全融洽的师幼关系可以使幼儿产生安全感，帮助幼儿形成乐群、合作、友爱的良好个性，这一过程正是幼儿社会化的过程。教师可以给予莹莹更多的耐心和关爱，如抱一抱、亲一亲、温和的眼神、亲切的交流，鼓励小朋友和她一起玩等，帮助她尽快熟悉新的环境，适应新的集体，对教师和同伴产生安全的心理依恋。

第二，将幼儿从游戏情境引入真实生活。

有一定行为问题的幼儿交往能力有限，对真实的互动缺乏兴趣和信心，常常会遭遇交往的失败。莹莹就是如此，她认为班上的幼儿都比她能干，因此不敢表现自我，把自己的交往关闭，形成阻抗的心理。游戏可以以象征的形式使互动变得有趣而自然，营造出一种像戏剧一样的充满幻想的愉快氛围，从而吸引幼儿克服或忘却恐惧。游戏也可以"教"给幼儿一些交往的技能。

第三，进行弹性的行为塑造。

强化积极行为，表扬具体行为，同时采用选择性注意、策略性忽视的方式，即有意忽视不恰当的行为而积极关注恰当的行为。这既是一种有效强化，也是一种积极期待；既能激发幼儿的恰当行为，也能预防幼儿的不恰当行为。莹莹好胜心强，喜欢当第一。教师在她表现出色的时候及时请她做示范，在同伴面前肯定和赞赏她，让她感觉到，自己和班里的同伴一样，只要付出努力，就能做得很棒。

第四，家园共育。

建议家长在莹莹身体健康的情况下坚持送孩子来园，并尽量做到来园分离时间越短越好，同时多带孩子走出门，多参与家庭以外的交往活动，获得更多的交往经验以及表现自我的机会，使幼儿逐步建立自信心。教师应及时与家长分享幼儿的进步，一起赏识幼儿，使幼儿的好行为得到塑造。

采取了正确的教育策略后，经过班级三位教师、家长和莹莹的共同努力，一个月后，莹莹基本可以愉快地上幼儿园了。

来园环节是一日生活的开始环节，关注幼儿的来园情绪非常重要。情绪可以反映幼儿的身体与心理状况。要从根本上解决来园焦虑，必须先观察幼儿，找到幼儿产生焦虑的原因，然后引导幼儿通过自己与同伴、材料的互动和反复实践，把心中的疑难解开，促进幼儿的社会性行为，形成积极的来园情绪，为一日生活的其他环节做好精神铺垫。

❤ **教育随笔二**

帮助幼儿减少分离焦虑的技巧

深圳市莲花北幼儿园　邓茂婷

小朋友们要上小班啦！在亲子班时，幼儿在园时间只有2个小时，而进入小班后增加到9个多小时，还要在幼儿园吃饭、睡觉，难免会出现分离焦虑这种消极的情绪。其主要表现为：反复说"妈妈在哪里？""我要找妈妈！"等，个别幼儿还会用喊叫、哭闹来表达自己的焦虑，呼唤妈妈的出现。那我们应该怎样帮助幼儿减少这种消极的情绪呢？下面分享几个小技巧。

技巧一：在开学前让幼儿先熟悉班上的教师和环境。

想让幼儿更快地适应幼儿园的生活，教师最好能在开学前到新生家里去家访。这一方面能使幼儿对教师有初步的认识，使他们来幼儿园见到教师时不会陌生；另一方面又能给教师提供一个了解幼儿基本情况和爱好的机会。家访时，教师可以跟家长说明幼儿上幼儿园时需要注意的事项，还可以邀请幼儿来新的班级参观，让他们熟悉班级环境，减少陌生的感觉。

技巧二：给幼儿"打预防针"。

宝宝们自出生以来，就打过很多预防针，以预防各种疾病。其实，上幼儿园也要打一针思想上的"预防针"，就是给幼儿一个上幼儿园的思想准备。家长在幼儿上幼儿园前要多从正面的角度讲讲幼儿园的事情，如"上了幼儿园就可以当哥哥（姐姐）啦！""上幼儿园后可以跟其他小朋友一起吃饭、睡觉，很好玩。""上小班可以学好多的本领！"等。这样可以使幼儿对上幼儿园产生期待和渴望。

技巧三：根据幼儿出现的焦虑反应运用相应地安抚方法。

首先，要观察幼儿的焦虑反应。大

部分幼儿的焦虑反应会出现在早晨入园后与父母分开的时候。这时，教师应该抱一抱幼儿，跟他们说说别的事情，转移他们的注意，以安抚他们的情绪。个别幼儿情绪比较激动，可以找一个安全的地方让他们先发泄一下情绪，再转移他的注意。还有一小部分幼儿的焦虑反应会在一日中反复出现。经过细心观察可以发现，他们有的是因为不习惯自己吃饭，有的是不习惯在幼儿园睡觉，有的是不习惯没成人时时刻刻陪伴在身旁……找出幼儿焦虑的原因，拟订相应的安抚方法，帮助他们度过这个焦虑的时期。

在新学期中，让幼儿开开心心地走进幼儿园，学习到更多的本领，让我们一起努力，给他们的童年带来更多的欢笑吧！

♥ 教育随笔三

甜甜的话，甜甜的心

深圳幼儿园　李莉

早晨，孩子们陆陆续续地进班了。他们有礼貌地跟教师和同伴打招呼，摆放自己的物品和书包，而后，或三五成群地说着悄悄话，或为大家做着力所能及的事情……

"宝贝们，看到你们真开心！""小茹扎得小花真美，会引来蝴蝶吧。""翔，你的衣服是愤怒的小鸟吧！""阳阳，你笑得真甜。"……随着教师的话题，孩子们叽叽喳喳地说起来："你的花裙子真漂亮。""我们都穿校服了。""我们是好朋友，抱一个。""谢谢你帮我挂毛巾。""老师，我喜欢你。""你像公主一样。"孩子们相互夸赞、感谢，大家都享受着这甜甜的话语带来的快乐，美好的一天开始了。

早晨是一天的开始，也是万事的开头。关注孩子来园时的心情，让孩子们精神饱满、充满自信快乐地开始新的一天，是一件至关重要的事情。"甜甜的话"不但能让孩子心情愉悦，给他们带来自信，还能让孩子学会互相欣赏、互相关心，甜甜地开始一天的生活。

素材选编

♥ 绘本推荐

★《我爱幼儿园》，[法]布洛克　著，张艳　译，北京科学技术出版社

★《爱上幼儿园》，[德]博伊厄　著，[德]福尔克尔　绘，张清泉　译，化学工业出版社

★《你好，幼儿园》，[韩]金善英　著，[韩]裴贤珠　绘，许美琳　译，辽宁科学技术出版社

♥ 小故事

高高兴兴上幼儿园

今天天气真好，猫妈妈要上班去了，猫妈妈问小猫："妈妈要上班了，小猫去哪里？"小猫高兴地说："妈妈去上班，我高高兴兴上幼儿园。"

妈妈把小猫送到幼儿园，小猫高高兴兴地向妈妈挥挥手："妈妈再见！"妈妈说："小猫再见！"

小猫高高兴兴地来到班上。看见老师，向老师鞠躬问好："老师早！"老师也笑着弯弯腰说："小猫早！"

小猫有礼貌，大家都喜欢它。

爸爸的大口袋

第一天，爸爸送小亮去上幼儿园，小亮哭着喊："不去，不去！"爸爸把手伸进大口袋，掏呀掏，掏出一块巧克力！小亮吃着巧克力高高兴兴地走进幼儿园。

第二天，爸爸送小亮去上幼儿园，小亮噘着嘴说："不去，不去！"小眼睛却盯着爸爸的大口袋。爸爸把手伸进大口袋，掏呀掏，掏出一块甜饼干！小亮笑了，小亮乖了，小亮吃着甜饼干高高兴兴地走进幼儿园。

第三天，爸爸送小亮去上幼儿园，小亮不哭也不闹，眼睛盯住爸爸的大口袋，爸爸眨眨眼睛，把手伸进大口袋，掏呀掏，掏出一只大拳头。小亮使劲扳开它，空的，什么也没有。爸爸笑了，小亮也笑了，他自己蹦蹦跳跳地向幼儿园走去，还大声地说："爸爸再见！"

⮕ 餐点

大轩（5岁）：
幼儿园吃肉夹馍的时候我就特别高兴，
我要吃好多好多，
因为我是一个超级大吃货，
哈哈……

晓晓（4岁）：
我最喜欢幼儿园的自助餐，
要是每天都吃自助餐就好啦，
可以走来走去的，
大家一起分享。

★ 桐桐 (4岁):
当老师说 "嘘……" 的时候，
你就不能讲话了，
要讲也要小小声的，
因为要专心吃饭。

★ 良良 (5岁):
要是你不喜欢吃这个菜，
也要吃一点，
因为这些都是有营养的，
不过老师说可以少吃一点。

第四章 餐点

核心关注

一、基本描述

餐点环节是指幼儿园根据幼儿在园时间及其生理特点，每天定时组织幼儿进食餐点的活动环节。通常，幼儿园每天会为幼儿安排"两餐一点"，即早餐、中餐及下午点心，每餐间隔时间约为 3.5 小时。

二、对幼儿而言，在餐点环节中可以——

☆感受到美好的进餐氛围，引起良好的食欲，通过自主进食满足生长发育的需要。

☆养成良好的进餐习惯、卫生习惯、生活习惯。

☆了解各种食物的营养知识，知道均衡膳食对身体有益。

☆增强自我服务和为集体服务的能力。

三、对教师而言，在餐点环节中应该——

☆创设安全、温馨、美观的进餐环境。

☆运用符合幼儿年龄特点的方式、方法，在日常组织过程中渗透营养、健康、卫生等方面的知识，培养幼儿良好的进餐习惯。

☆观察了解每个幼儿的饮食习惯，有针对性地引导幼儿愉快进餐、自主进餐。

☆教师之间分工合作、协同配合，共同做好餐前准备、进餐辅导、餐后整理等各部分活动的组织与衔接。

方法与流程

一、餐前

(一)主班教师组织幼儿做好餐前准备

1. 组织幼儿开展相对安静的餐前活

动，如回顾上午的活动内容、讲故事、做音乐律动、安静游戏、介绍当日菜谱和营养健康知识等。

2. 组织幼儿有序地盥洗，如如厕、洗手等。

(二)配班或保育员教师协助做好餐前准备

1. 指导值日生参与餐前准备工作，如分发餐具、摆放毛巾等。

2. 做好餐桌消毒、分发饭菜等工作。

二、进餐

(一)创造良好的进餐环境和氛围

1. 注意进餐时的安全，如将烫、热的食物远离幼儿，避免意外事故发生。

2. 营造愉快、轻松的用餐环境，如播放轻柔而欢快的音乐，用积极的语言与幼儿交流等。

(二)指导幼儿使用正确的进餐方法，培养其良好的进餐习惯

1. 正确地取放食物和餐具：取食物回座位的时候双手端碗（或碟）的边沿，目视前方，保持身体平稳行进；到餐桌旁时，先将碗（或碟）放下，再用手将座椅拉出调整到合适的位置，然后坐下；用餐完毕离开餐桌时，先起身离开座位，用手将小椅子（或凳子）推至餐桌下边，然后再端餐具离开，并将餐具在指定位置分类摆放好。

2. 正确的坐姿：身体自然端正、靠近桌子、双腿放入桌底。

3. 正确使用餐具：一手扶饭碗，另一手的大拇指、食指、中指一起捏住勺柄，将饭菜一勺一勺送入口中（大班幼儿可练习使用筷子）。

4. 独立、正确地用餐：饭、菜、汤交替吃，注意细嚼慢咽，尽量不挑食，主动告知教师增减食物分量的需求等。

5. 文明的进餐礼仪：专注进餐、有需要的时候小声交流；使用餐具时尽量将食物送进嘴里，不小心洒落的话会主动进行清洁处理或寻求教师的帮助。

(三)细心观察幼儿进餐情况，做好个别化的指导与照顾

1. 根据幼儿饭量和需要及时为其添加或减少食物的分量。

2. 关注有特殊情况或特殊需要的幼儿，如吃得过快或过慢的幼儿，提醒他们细嚼慢咽或增强时间观念；对挑食的幼儿鼓励他们尝试新的食物。

三、餐后

(一)指导幼儿有序地做好自我服务

1. 餐桌及餐具的整理：餐后整理好自己的桌面，将餐具送到指定位置并分类摆放，有必要的可以再清扫地面，如捡起洒在地上的饭粒等。

2. 餐后的个人卫生：漱口、擦嘴、洗手等。

(二)组织幼儿开展餐后活动

1. 提前准备好餐后活动的内容及材料，并让每位幼儿都知道活动内容，包括在什么区域可以做些什么。

2. 幼儿陆续进入餐后活动时，关注幼儿的活动秩序，为有需要的幼儿提供帮助。

3. 教师之间互相配合，保证所有幼儿在教师视线范围内活动。

4. 有条件的可以组织幼儿餐后散步。

(三)餐后清理工作

保育老师做好餐具清理、消毒，地面桌面清洁工作。

经验小贴士

💛 创设环境，营造愉悦的进餐氛围

利用餐桌的陈设和餐具的摆放让幼儿产生强烈的食欲。比如，餐桌上可以铺垫幼儿喜欢的桌布，摆放一些小花、餐具、骨碟、毛巾等方便幼儿取用。在幼儿进餐时播放一些舒缓柔美的音乐也能起到促进胃肠蠕动和消化腺体分泌的作用，让幼儿在自由舒服的氛围中愉悦地进餐。

💛 选择合理站位，观察幼儿的进餐情况

在"餐前—进餐—餐后"的整个进餐过程中，幼儿会在教室、盥洗室、走廊（餐后活动地点）等多个地方自由转换。教师需要选择一个合适的位置，准确及时地观察到每一位幼儿的进餐情况，原则是将每一位幼儿都纳入教师的视线范围内。如果一位教师兼顾不过来，可以由两位教师分工合作。

💛 了解每位幼儿的饮食习惯，关注幼儿的特殊需要

幼儿在进餐时有很明显的个人习惯，或快，或慢，或专心，或挑食，有的是好习惯，有的是需要改进的习惯。比如，教师在提醒吃得慢的幼儿掌握时间的同时，也要提醒吃得快的幼儿细嚼慢咽；对肥胖的幼儿或挑食的幼儿采取少盛多添的方法，控制其食量。

💛 家园配合，保持一致

密切联系家长，在家园栏、网站上公布每周食谱，让家长了解幼儿园营养配餐情况，并在家合理安排幼儿的饮食。向家长介绍切实可行的好方法，有目的地配合教师进行督促。家长以身作则，将幼儿在家进餐的情况及时反馈给教师，家园要求保持一致，使幼儿良好的饮食习惯得到巩固。

参考案例

❤ 教育随笔

一块鸡皮

🕊 案例描述

班里的浩浩是一个高高大大的男孩，平时吃饭一点儿也不发愁。和他坐在一起的是小敏，吃饭速度慢还挑食，不爱吃肥肉，不吃菜，只吃白饭。

今天的午餐是菜肉包配茶树菇鸡汤。浩浩已经吃了两个包子了，但还想要。我怕他吃得太多就又给他掰了一半。喝汤的时候，他和旁边的小敏在不断地交流，我提醒他们专心吃饭，很快浩浩吃完出去玩了，剩下小敏在那里慢慢喝汤。这时，坐在他们旁边的小美准备搬椅子出去，她来告状说："老师，谁把鸡皮丢在地上了！"我过去一看，那块鸡皮正好掉在浩浩和小敏的中间。小敏立刻说："老师，不是我丢的。是浩浩的，我刚才看见他碗里有一块。"我又去问浩浩，浩浩连忙说："不是我的，不是我的。"怎么也不承认。这块鸡皮到底是谁丢掉的呢？

🕊 分析与反思

如果从经验和他们回答问题的状态来判断的话，这块鸡皮应该是浩浩丢的。

幼儿都知道不吃的东西要放到骨碟中，为什么浩浩还要丢在地上呢？又为什么他丢了之后还不承认？这些引起了我的思考。从教师的角度分析有这样几个原因。

第一，食欲好的幼儿也应该受到关注。浩浩平时吃饭很好，今天又是他喜欢吃的肉包子，教师会觉得浩浩吃饭没什么问题。其实他在盛到鸡皮的时候是有些犹豫的，还和旁边的小敏讨论要不要把鸡皮挑出来放到骨碟里，可能还没有讨论完就被教师当作吃饭说话给制止住了。如果教师这时能观察到浩浩的犹豫和为难，及时了解他的需要，那么鸡皮的问题就很容易解决了。

第二，走进幼儿的内心世界，了解他们的需要。教师说过不吃的东西要放到骨碟中，如骨头、鱼刺、蛋皮等，大家也都很清楚。可在幼儿的眼里，鸡皮是能吃的，只是浩浩不喜欢吃而已，这就是难题了，鸡皮能放到骨碟里吗？会不会引起同桌的注意呢？浩浩平时吃饭时总能得到教师的表扬，也是大家学习的榜样。如果被大家发现自己不爱吃鸡皮，那多没面子呀！浩浩正是因为有了这些担心，才决定把鸡皮悄悄地放到桌子下面。教师事后与浩浩妈妈交谈才了解到浩浩不喜欢吃鸡皮这一饮食习惯；也是在后来认真倾听了小朋友之间的谈话才了解，幼儿对骨碟里所装的各种东西的讨论要比自己碗里的食物更投入和有兴趣。如果教师平时能更多地倾听幼儿的心声，更深入地了解他们的需求，那么教师在给浩浩盛汤的时候就会避开那块鸡皮。

第三，幼儿犯得所有错误都是可以原谅的。浩浩今天虽然说谎了，但教师当时原谅了他，没有再追究，而是通过继续观察浩浩的行为，放学时与浩浩妈妈沟通了解情况，反思自己的教学行为来寻找幼儿说谎的原因。事后教师与浩浩进行了诚恳的谈话，理解浩浩不吃鸡皮的事，并原谅他说谎的行为，希望他也能承认当天的错误，浩浩欣然接受了。

一件进餐时发生的小事，却反映了幼儿心理、认知、行为方面的真实需求。幼儿是作为一个整体发展的，教师要敏锐观察幼儿的言行，认真做出分析，采取有针对性的教学策略。

素材选编

♥ 食物谜语

1. 一头大一头小，不是橄榄不是桃，骨头长在肉外面，宝宝吃了营养好。（鸡蛋）

2. 圆圆脸儿像苹果，又酸又甜营养多，既能做菜吃，又可当水果。（西红柿）

3. 兄弟几个真和气，天天并肩坐一起，少时喜欢穿绿衣，老来都穿黄袍子。（玉米）

♥ 儿歌

🐦 关于食物

1. 大米饭，喷喷香，小朋友，来吃饭。吃得饱，长得好，不让米饭地上掉。

2. 小朋友，在成长，若挑食，缺营养。瓜果菜，都品尝，食五谷，身体棒。

3. 不吃鱼，不吃虾，不吃青菜不吃瓜，天天吃饭吃不下，哎呀呀，长成一根小豆芽。又吃鱼，又吃虾，又吃青菜又吃瓜，样样东西吃得香，哇哈哈，长成一个棒娃娃！

🐦 关于进餐

1. 进餐前，手洗净，入座时，动作轻。打喷嚏，遮住口，细细嚼，慢慢咽。不挑食，不剩饭，自己吃饭真能干。

2. 左手扶碗，右手拿勺，两腿并好，身体前靠，一口饭一口菜，宝宝吃得真正好。

3. 要做文明好宝宝，就餐礼仪不能少。筷子勺子不乱敲，嬉笑打闹就不好。不挑食来不剩饭，细嚼慢咽肠胃好。餐后收拾少不了，比比谁是好宝宝。

4. 小手绢，四方方，拿起它，擦嘴巴。一二三，左右擦，嘴巴乐得笑哈哈。

5. 手拿花花杯，含口清清水，抬起头，闭上嘴，咕噜咕噜吐出水。

6. 小毛巾，手中拿，擦好嘴巴翻一面，然后再来擦擦脸，用过毛巾叠整齐，良好习惯人人爱。

7. 小小筷子本领大，吃饭夹菜全靠它，我用小手稳稳拿，不乱翻，不敲打，不让饭菜满桌撒。

→ 饮水

帆帆（5岁）：

我是擎天柱，

喝水就像给擎天柱加油一样。

【童心童画】

童童（5岁）：
要经常把自己的杯子拿出来接水喝，
这样喉咙就不会痛，不生病，
就可以开开心心 在幼儿园玩，
就不用一睡完午觉就被接走了。

第五章　饮水

核心关注

一、基本描述

饮水是人体的基本生理需求，是幼儿在园一日生活中反复出现的生活细节，也是培养幼儿最基本的自理能力和养成良好生活习惯的重要途径。

二、对幼儿而言，在饮水环节中可以——

☆学习正确接水及健康饮水的方法。

☆初步建立关注身体健康的意识，养成良好的个人生活卫生习惯。

三、对教师而言，在饮水环节中应该——

☆预先创设安全、适宜班级幼儿使用的环境，提供适宜的饮水用具。

☆恰当组织，保障幼儿饮水时良好的秩序。比如，鼓励幼儿感觉口渴的时候及时喝水；减少集体性的饮水，尽量分组进行；引导幼儿遵守排队、轮候等集体规则。

☆指导幼儿学习正确接水及健康饮水的方法，注意观察幼儿的饮水习惯并给予必要的提醒和协助。

☆渗透健康教育，逐步引导幼儿了解饮水与身体健康的关系，帮助幼儿养成良好的生活卫生习惯。

方法与流程

一、饮水的操作流程

第一步：从杯架上取下自己的水杯。

第二步：到饮水机前准备接水，如果人多则排队等候。

第三步：选择冷水或温水阀，一手

持杯对准，另一只手压下饮水机水阀，接适量冷水或温水后松开水阀。

第四步：端水杯离开饮水机，到一旁合适的位置喝水。

第五步：喝完水把水杯放回杯架固定的位置。

二、教师的组织与指导

（一）活动组织

1. 准备好饮水用具，如饮水机、水、口杯等，放在固定且方便幼儿取用的位置。

2. 把握好饮水时机，如在清晨来园后、午睡起床后、外出活动前后提醒幼儿饮水，其他时间鼓励幼儿在自己有需求的时候主动饮水。

3. 注意组织方式，如鼓励幼儿在自己有需求的时候主动饮水，尽量分组饮水，排队轮候等。

4. 多种方式灵活渗透健康教育，如配合故事等帮助幼儿理解饮水与人体健康的关系。

5. 组织过程中注意示范或提醒幼儿按要求排队和正确接水。

（二）指导要点

1. 注意观察幼儿的饮水习惯。比如，是否主动喝水，常规的饮水量大约是多少，过程中是否遵守秩序等，并有针对性地给予提示或协助。

2. 加强饮水环节中的健康教育和环保教育。比如，采用多种有趣方式介绍饮水与身体健康的关系等相关知识，逐步培养幼儿关注身体健康的意识和卫生习惯；鼓励幼儿在自己有需求的时候及时饮水；提醒幼儿及时关闭饮水机水龙头、节约用水。

经验小贴士

❤ **喝水好处多**

3～6岁幼儿正处于生长发育迅速的时期，身体的含水量约占体重的65%，加上活动量大，消耗水分较多，他们每天需要摄入1500～2000毫升的水才能满足身体的基本需求。因此，每天上午、下午应该各组织或提醒幼儿饮水1～2次，每次约100～150毫升。尤其是上午一次、下午一次的户外活动之后，要集体组织幼儿饮水，并关注幼儿的饮水量，避免饮水量不足。

另外，不同年龄、不同体质的幼儿每日每人对水的需求量也是不同的。因此，除了一天两次集体饮水，还要鼓励幼儿根据自身需要随时饮水。

💛 饮水时机有讲究

第一，饭前饭后半小时尽量不要饮水。幼儿消化液中各种消化酶的功能和数量和成年人相比要差，饭前、饭后饮水会稀释消化液，进一步减弱消化液的功能，长期如此容易导致消化不良。而且，饭前大量饮水容易使幼儿产生饱胀感，降低食欲，影响正常的饮食。

第二，睡前不要饮水。幼儿肾脏功能尚未发育完全，如果睡前饮用大量的水，会加重肾脏的负担，并且容易影响幼儿的睡眠。

第三，剧烈运动后不要马上饮水。运动中和运动后大量饮水会给血液循环系统、消化系统，特别是给心脏增加负担。因此，大运动量活动后不宜立即饮水，特别是夏季，应等幼儿身体恢复平静后，再让幼儿饮水。

💛 饮料不能替代水

如今，各种饮料琳琅满目，种类繁多，如乳饮料、果味饮料、碳酸饮料、运动饮料、茶饮料等。有的家长为了让幼儿能多饮一些水，就购买各种含"营养"成分的美味饮料。事实上，这种做法对幼儿的健康很不利，容易导致幼儿非饮料不喝，何况这些饮料当中还含有对幼儿身体发育有害的糖精、色素、防腐剂等。白开水是最适合幼儿饮用的。因此，幼儿园教师应该发挥集体教育的优势，利用日常生活中的各种契机渗透健康教育，引导幼儿爱上饮水、科学健康饮水。

💛 温度适宜防止烫伤

幼儿饮水的温度不宜过高也不宜过低。夏季一般达到室温即可，冬季也只需控制在 40℃ 为宜。使用饮水机时，请预先把饮水机的温度调整为 40℃ 的恒温，以防止幼儿烫伤。同时，引导幼儿养成"看清红蓝标识，先接凉水、再接温水"的习惯。

参考案例

💛 教育随笔

喝水喝水再喝水

春天是传染病高发季节。最近有些幼儿出现感冒咳嗽的症状。有几次，家长送孩子的时候都说："老师，请让孩子多喝点水。"还有很多幼儿都自己从家里带水来喝，家长还跟老师说："孩子有点咳嗽，带了瓶水，下课让他多喝点水。"我心里有点不舒服，可是我还是面带微笑地说："幼儿园里有水，我们每天会保证孩子足够的饮水量的，下课我会让孩子多喝水的，请您把水拿回家吧。"对此，我感到纳闷，因为我每天都安排四次集体喝水的时间，其他时间也不限制幼儿喝水。按理说，幼儿喝水不算少。但是为什么家长却觉得自己的孩子喝水少呢？我开始观察幼儿的每一次喝水。

有一天，涵涵小朋友有点咳嗽，我让他去喝水，只见他拿了自己的杯子，很快就拧开保温桶的开关，一会儿就接完了。

我拿过他的杯子，看他接了多少水时，大吃一惊。他接的水还不到杯子的五分之一。我问他："你每次喝水就接这么点吗？"他点点头。听了他的话，我马上让全班幼儿都来喝水，结果我发现有很多幼儿接的水都很少。我不禁恍然大悟了。由于幼儿贪玩，每次就接一点水，几口就喝完。这样，幼儿一天的饮水量不是很少吗？于是，我取了一个小杯子，接了满满一杯水，告诉幼儿要像我一样，每次接这么多水，而且要喝完。幼儿高兴得跟我学了起来，喝了一大杯水。我问他们："孩子们，喝饱了吗？"他们都回答说喝饱了。从那以后，我每次都会注意幼儿的饮水量，再没有家长反映饮水少的情况了。

由此，我想到，作为一名幼儿教师，要关心幼儿日常生活的每一个环节，做一个细心的教师，时刻把幼儿的冷暖放在心上，既要教好幼儿学好知识，又要提高幼儿的生活自理能力，只有这样才是一个称职的幼儿教师。请让幼儿多喝水。

素材选编

♥ 小故事

爱喝水的太阳公公

有一天，悠悠兔突然问胖胖熊："胖胖熊，你知道太阳公公每天都吃些什么吗？"胖胖熊摇了摇头，说："不知道啊，从来没想过这个问题。"悠悠兔说："咱们去问问太阳公公吧！"于是，悠悠兔拉着胖胖熊的手，来到了太阳底下。

悠悠兔仰起头，冲着太阳大声问道："太阳公公，您平常都吃些什么啊？"

太阳公公乐了，他沉思了一会儿，说："呃……这个，我不吃东西，只喝水。"

胖胖熊手上正好端着一杯水，只见他举起杯子，大声说："太阳公公，我这有一杯水，您喝吧！"太阳公公肯定是渴极了，不一会儿的工夫，一杯水就见底了。

自从知道太阳公公只喝水不吃饭之后，悠悠兔和胖胖熊每天都要为太阳公公准备好几大杯干净的凉白开。有时候，两个小家伙还给太阳公公送上一杯西瓜汁或苹果汁。太阳公公每次喝完都高兴极了。

因为贪玩，有一次胖胖熊随便在池塘里舀起一杯水，就端给太阳公公喝。没想到，第二天太阳公公就没再出来了，之后还连续下了好几天的雨。好不容易雨停了，可天空还是灰蒙蒙的一片。悠悠兔看着天空，自言自语道："太阳公公肯定是拉肚子，不会是吃坏了肚子吧！"

听到这，胖胖熊连忙低下头，吞吞吐吐地说："对……对不起，都是……我不好，我给……太阳公公喝……喝了池塘里的水。"悠悠兔恍然大悟，生气地说："池塘里的水那么脏，能喝吗？你……你……"

一阵风吹过，太阳公公露出了半个脸，一副虚弱的样子。太阳公公打断悠悠兔："别责怪胖胖熊了，池塘里的水都是人类污染的……你们可要爱护水啊，不然我三天两头拉肚子，受害的还是你们地球上所有的生命，知道了吗？"

悠悠兔和胖胖熊点了点头，齐声说："嗯，太阳公公，您放心，我们一定保护好水源，让您天天都能喝上干净的水。"

💛 **绘本推荐**

★《咕噜咕噜喝水啦——贝瓦淘奇包奇奇版》，新蕾出版社

★《干杯！咕嘟咕嘟》，少年儿童出版社

→ 如厕

（豆豆，4岁半；乐乐，4岁）

豆豆：拉大便要擦屁屁，我不喜欢。

乐乐：我也不喜欢，可有什么办法呢？

豆豆：如果屁屁有开关就好了。

乐乐：如果不用拉大便，那该多好。

豆豆：那我们的肚子就成了垃圾场，哈哈……

西西（3岁）：
男孩子和女孩子小便不一样的。
晨晨（3岁半）：
我妈妈说男孩子才能站着小便，
女孩子会尿裤子的，羞羞羞……

第六章　如厕

一、基本描述

如厕包括大便和小便，是幼儿在园一日生活中多次出现的生活环节，也是培养幼儿最基本的自理能力和养成良好卫生习惯的重要途径。

二、对幼儿而言，在如厕环节中可以——

☆学习自主如厕、整理衣裤的正确方法，发展基本的生活自理能力。

☆懂得及时排便对身体健康的好处，有便意时自己主动如厕，养成及时排便及注重个人卫生的生活习惯。

☆知道如厕方式男女有别，建立初步的性别意识。

三、对教师而言，在如厕环节中应该——

☆预先创设安全、适宜班级幼儿自主使用的如厕环境，提供充足的卫生洁具。

☆让幼儿懂得在园如厕是一件很正常的事情，不紧张、不拒绝，鼓励幼儿在自己有便意的时候及时如厕。

☆恰当组织，保障盥洗室里良好的秩序。比如，减少集体性的如厕和盥洗活动，尽量分组进行；引导幼儿遵守排队、轮候等集体规则。

☆指导幼儿学习自己大小便的正确方法，逐步引导幼儿了解大小便、洗手等与身体健康的关系，初步培养幼儿关注身体健康的意识，使其养成良好的生活卫生习惯。

☆耐心协助暂时不能独立自理的幼儿舒适、顺利地完成大小便。

方法与流程

一、小便

(一)男孩

第一步：洗手。

第二步：双脚稍稍分开站在便池前，将裤子脱至大腿根处。

第三步：身体稍向前倾排便。

第四步：便后整理好衣裤。

第五步：洗手。

(二)女孩

第一步：洗手。

第二步：（必要的话可以握住扶手）双脚稍稍分开，放在便池两侧站稳。

第三步：将裤子脱至大腿根与膝盖之间，蹲下小便。

第四步：便后用纸巾由前向后擦干净，将擦过的纸巾丢进纸篓。

第五步：便后整理好衣裤。

第六步：洗手。

二、大便

第一步：洗手。

第二步：（必要的话可以握住扶手）双脚稍稍分开，放在便池两侧站稳。

第三步：将裤子脱至大腿根与膝盖之间，蹲下大便。

第四步：便后用纸巾由前向后擦干净，将擦过的纸巾丢进纸篓。

第五步：必要的话再取纸巾重复第四步。

第六步：便后整理好衣裤。

第七步：洗手。

三、教师的组织与指导

(一)活动组织

1. 准备好清洁卫生用品，如肥皂、毛巾、纸巾等，放在固定且方便幼儿取用的位置。

2. 把握好时机，如在外出前、集体活动及入睡前提醒幼儿如厕等。

3. 注意组织方式，如鼓励幼儿在自己有便意的时候及时如厕，尽量分组进行，排队轮候等。

4. 示范或提醒幼儿如厕的正确方法（小班幼儿可在教师帮助下进行）。

(二)指导要点

1. 注意观察幼儿是否掌握了如厕方法的要点。比如，在如厕过程中是否会自己擦屁股及整理衣裤等。

2. 加强如厕环节中的健康教育和环境教育。比如，采用多种方式消除幼儿在园如厕的陌生感和紧张情绪，鼓励幼儿在自己有需求的时候如厕；介绍大小便、洗手等与身体健康的关系等相关知识，逐步培养幼儿关注身体健康的意识和卫生习惯；提醒幼儿及时关闭水阀、注意节约用水等。

3. 注重个别辅导，让幼儿感受到爱与温暖。比如，耐心协助暂时不能独立自理的幼儿顺利完成大小便；对于便在身上的幼儿要给予适当的安慰和特别的照顾，尤其对于年龄较小的幼儿。

经验小贴士

♥ 如厕环节中的常见问题

1. 盥洗室地面或者便池附近常常湿滑，幼儿容易滑倒。

2. 幼儿担心大便不会处理或者不习惯幼儿园的如厕方式，憋着不敢排便。

3. 活动中途幼儿提出如厕需求，结果"一去不回"，在盥洗室玩耍逗留。

4. 教师不知情，家长反映幼儿大便后没有擦干净，小底裤上弄脏了。

5. 幼儿便后扯了大量纸巾，但小屁股并没有擦干净，还弄脏了手。

6. 幼儿便后囫囵拉上裤子，没顾上整理衣服就玩去了。

7. 便池或蹲位数量有限，幼儿容易发生拥挤和碰撞。

8. 因为贪玩不愿意如厕，导致尿急尿湿裤子，尤其是冬季。

9. 对别人尤其是异性如厕有好奇心，经常窥视。

10. 幼儿笑话别人便在身上。

♥ 如何避免尿湿裤子

1. 入园初期，教师要手把手地教幼儿如何穿脱裤子。

2. 教师多关注幼儿如厕的情况，并赢得家长的共识，家园配合共同引导。

3. 教师适时提醒，并鼓励幼儿有需要时及时大小便。

4. 通过多种形式的教育活动培养幼儿自我服务、自我照顾的意识。

5. 对于能力较弱的幼儿教师要多关注，并及时给予一定的协助。

6. 鼓励幼儿遇到困难要及时表达，寻求帮助。

7. 幼儿穿衣服较多时教师可根据其年龄适当帮忙或指导。

♥ 正确合理使用便纸

正确合理使用便纸，是幼儿能够顺利如厕必须掌握的技能之一。幼儿常常容易出现不会正确使用便纸擦拭小屁股、浪费便纸、便纸掉落等情况。教师可以从如下几个方面着手协助幼儿：

1. 合适的物品摆放。幼儿园提供的

便纸要大小适宜、方便幼儿使用；摆放的位置和高低，要方便蹲在便池上或坐在坐便器上的幼儿随时取用；盛放便纸的容器或纸巾架要安装牢固，且便于清洗。

2. 给幼儿具体的操作指引。比如，告诉幼儿每一次撕两节纸巾、对折、擦拭，然后再次撕两节纸巾、对折、擦拭。避免幼儿一次取大量纸巾在手里反而影响准确擦拭。

💛 便在身上的幼儿需要更多的爱

小班幼儿在园常有尿床或拉裤子的现象，遇到这种情况如果又遭人笑话，会使他们感到难为情。尤其再加上教师的训斥或埋怨，就会使幼儿更加自卑。因此，我们需要给便在身上的幼儿更多的爱。

首先，教师要及时安抚幼儿。缓解幼儿的紧张情绪，不要过于声张。

其次，协助幼儿及时处理。尊重幼儿的自尊，将幼儿带入寝室更换衣裤，最好不要当着全班幼儿的面进行。

最后，了解原因，并在平时有针对性地给予指导和帮助。比如，针对容易尿床的幼儿，鼓励他们醒来立刻如厕，或者午睡中途可以提醒其排便。

💛 重视性别教育，尊重他人隐私

在幼儿园常会发生这样的情况，即幼儿喜欢窥视异性的如厕方式，尤以小班幼儿居多。因此，教师应在课程内容中注重融入幼儿性别教育，使幼儿了解男孩、女孩性别特征的不同，包括如厕方式的不同，打消幼儿对异性如厕的好奇心与神秘感。同时也可以开展隐私教育，如引导幼儿了解穿小底裤的位置不要暴露给他人，按男女分别如厕，在他人如厕时不进行窥视，尊重他人的如厕隐私权等。

参考案例

幼儿园小班健康教案：学习自己如厕

🐦 **目标**

1. 学习自己如厕，尽可能不尿湿裤子。

2. 知道当厕所人多时不争抢。

🐦 **准备**

木偶小猴

🐦 **过程**

1. 教师和幼儿共同欣赏故事《小猴尿湿了》

教师出示木偶小猴，讲述故事一遍。

尿湿裤子会有什么感觉？怎样才能不尿湿裤子？

教师总结：尿湿裤子会让我们心理和身体都感觉不舒服。

2. 教师和幼儿共同参观班级厕所。

教师带领幼儿参观本班活动室的厕

所，让幼儿知道厕所是大小便的地方；识别男厕所和女厕所的位置；分清小便池，知道男孩、女孩小便的方法是不一样的。

3. 分别请男孩和女孩上厕所。

男孩如厕讨论：怎样上厕所才不会将小便弄到便池外？（不要离便池太近，以免弄脏裤子）

穿有拉链的裤子小便，要小心不要损伤皮肤。

女孩如厕讨论：怎样上厕所才不会让小便弄湿裤子？

4. 教师和幼儿共同讨论如厕的注意事项。

教师带幼儿回到活动室讨论：玩游戏时想小便怎么办？吃饭时想小便怎么办？集体活动时想小便怎么办？

厕所里人多怎么办？小便急怎么办？（厕所里人多时不争先、不拥挤、依先后顺序小便。小便急时，可与其他幼儿协商，让自己先用厕所）

5. 教师和幼儿共同参观幼儿园公用厕所。

教师带领幼儿参观幼儿园的公用厕所，告诉幼儿在室外活动时可就近如厕。

素材选编

💛 **儿歌**

如厕安全

小朋友，要知道，
及时如厕很重要，
进出厕所守规则，
看清标记不滑倒，
安全卫生记心里，
争做文明好宝宝。

💛 **绘本推荐**

★《幼儿科学绘本——人体篇④　便便》　中国青年出版社

★《幼儿科学绘本——人体篇⑤　代谢物》　中国青年出版社

★《为什么我是女孩》　江西高校出版社

★《自然科学宝库——人体的奥秘》光复书局（台北）、海豚出版社合作出版

★《世界科普画廊——认识自己》浙江教育出版社

➡️ 盥洗

灰灰（5岁）：
我喜欢打肥皂搓搓搓，
可以把手洗得很白很干净，
还有很多泡泡，哈哈。

小杰（4岁）：
我喜欢在洗手池那里玩，
要是洗手间也是一个活动区就好了。

第七章　盥洗

核心关注

一、基本描述

幼儿在园的盥洗活动包括洗手、洗脸、漱口等。盥洗活动是幼儿在园一日生活中多次出现的生活环节，也是培养幼儿最基本的自理能力和养成良好卫生习惯的重要途径。

二、对幼儿而言，在盥洗环节中可以——

☆学习洗手、洗脸、漱口的正确方法，发展基本的生活自理能力。

☆初步树立关注身体健康的意识，养成良好的个人生活卫生习惯。

三、对教师而言，在盥洗环节中应该——

☆预先创设安全、适宜班级幼儿使用的盥洗环境，提供充足的盥洗用具。

☆恰当组织，保障盥洗室内良好的秩序。比如，减少集体性的盥洗活动，尽量分组进行；引导幼儿遵守排队、轮候等集体规则。

☆指导幼儿学习并掌握盥洗的正确方法，逐步引导幼儿了解洗手、漱口等与身体健康的关系，初步培养幼儿关注身体健康的意识，养成良好的生活卫生习惯。

☆耐心协助暂时不能独立自理的幼儿顺利完成盥洗。

方法与流程

一、洗手的操作流程

第一步：挽起衣袖，以免打湿。

第二步：打开水龙头，用水湿润双手；关闭水龙头，涂抹洗手液或肥皂。

第三步：搓手心、手背、手指、手腕。

第四步：轻轻打开水龙头，用水冲干净泡沫。

第五步：关上水龙头，轻轻甩一甩双手。

第六步：在毛巾架上找到自己的毛巾，把手擦干净。

第七步：放下袖子，整理好衣服。

图7-1　步骤一　　　图7-2　步骤二

图7-3　步骤三　　　图7-4　步骤四

图7-5　步骤五　　　图7-6　步骤六

图7-7　步骤七

二、洗脸的操作流程

第一步：挽起衣袖，以免打湿。

第二步：在毛巾架上找到自己的毛巾，打开水龙头将毛巾打湿，关闭水龙头再将毛巾拧干。

第三步：将毛巾平放在双手上。

第四步：用毛巾按眼睛、鼻子、嘴巴、脸颊、额头、耳朵、脖子的顺序擦洗。

第五步：打开水龙头，将毛巾冲洗干净，拧干挂在指定位置。

第六步：放下衣袖，需要时可以擦护肤霜。

三、饭后漱口的操作流程

第一步：取出自己的漱口杯，放在茶壶左侧。

第二步：右手持壶把手、左手拖住壶嘴下方，倾倒茶壶往漱口杯里倒入适量茶水。

第三步：放下茶壶，端漱口杯到水池处。

第四步：喝水并含在嘴里"咕咕咕"，然后吐掉，并重复一次。

第五步：倒掉多余的茶水，放回漱口杯。

第六步：取擦嘴小毛巾，擦干净嘴巴。

四、教师的组织与指导

（一）活动组织

1. 准备好盥洗用品，如肥皂、毛巾、纸巾、口杯、茶水等，放在固定且方便幼儿取用的位置。

2. 把握好盥洗时机，如在饭前便后、外出活动后提醒幼儿洗手，在饭后提醒幼儿漱口。

3. 注意组织方式，如鼓励幼儿在自己有需求的时候进行盥洗，尽量分组进行，排队轮候等。

4. 配合儿歌、故事等方式让盥洗的过程变得生动有趣。

5. 过程中注意示范或提醒幼儿洗手、洗脸、漱口等的正确方法（小班幼儿可在教师帮助下进行）。

（二）指导要点

1. 注意观察幼儿是否掌握了盥洗的要点。比如，是否掌握了正确的洗手顺序、是否能够顺利倒入适量的漱口水等。

2. 加强盥洗环节中的健康教育和环保教育。比如，采用多种方式介绍洗手、漱口与身体健康的关系等相关知识，逐步培养幼儿关注身体健康的意识和卫生习惯；鼓励幼儿在自己有需求的时候及时进行盥洗；提醒幼儿及时关闭水龙头、节约用水。

3. 注重个别辅导，协助暂时不能独立自理的幼儿顺利完成盥洗；对于在盥洗过程中弄湿衣服等的幼儿耐心给予帮助。

经验小贴士

💛 让幼儿爱上洗手的小窍门

1. 每天和幼儿一起洗几次手，让幼儿感觉到洗手确实是件很重要的事。

2. 教师尽可能地挑选幼儿喜欢的肥皂和毛巾，激发他们洗手的兴趣。

3. 洗手时与幼儿一起哼唱一定长度的歌曲，如唱一遍"生日快乐歌"是10～15秒钟，边唱歌边洗手，一举两得。

4. 还可以选择30秒的沙漏，放在盥洗室，帮助幼儿感受时间，控制洗手时间的长度。

❤ 缓解一窝蜂

班上三四十个幼儿，在有限的时间和有限的空间，完成盥洗这一环节，容易造成拥挤、混乱。为了缓解这一现象，在地面上用箭头设置右进右出的标识，让有限的空间富有流动性。这样的标识比语言的提示更为具体、到位。另外，可以按男、女组先后错开，也可以按小组陆续进行，还可以按活动的完成情况个别、有序地完成。这样能为在有限的空间中有序地盥洗做好准备，有效防止一窝蜂现象。

❤ 小细节勿忽视

盥洗间是自由而热闹的场所，常常会听到幼儿议论纷纷的声音；常常会看到因拥挤而产生的小摩擦；常常会有玩水而不亦乐乎的身影；也会有不知所以站在那里发呆的影子；还会有个别忘了提裤子就往外走的现象……这时候教师之间的配合尤为重要。当一位教师在组织下一环节时，需要有另一位教师来关注盥洗间这部分幼儿，他们需要教师的帮助，需要教师的了解。

❤ 为什么洗手时会打湿衣服

幼儿洗手时打湿衣服的原因：

1. 水龙头的高度不太适宜，或者出水量太大、水流太急。

2. 幼儿洗手时未把衣袖卷起来。

3. 幼儿洗手的姿势或方法不正确。

4. 幼儿喜欢玩水。

解决这一问题的方法：

1. 水龙头要安装在适合幼儿高度的位置；且出水量要调节到中等、水流缓和为宜。

2. 提醒幼儿洗手前卷起衣袖。

3. 加强家园沟通，请家长配合一致，协助引导幼儿。

4. 通过多种教育活动潜移默化地建立良好的盥洗常规，教师要时常关注幼儿（集体或个人）在洗手间的情况。

❤ 家园配合解决个别幼儿的盥洗难题

1. 家长要明确幼儿阶段健康教育（包括盥洗）的目标。

2. 家长要了解幼儿的盥洗习惯及独立盥洗的困难所在。

3. 家长要与教师积极配合、密切沟通，达成教育共识，真正解决幼儿的盥洗困难。

参考案例

❤ 教育笔记一

盥洗室的环境创设

深圳市第十二幼儿园　何雅秋

盥洗室是幼儿在园一日生活中多次

出入的生活场所，是宽松、自由、愉快、自主的人文环境。要使它成为幼儿童年的美好记忆，我们就要做好细节，就得从细小的部分开始。

1. 采光与通风。

盥洗室首先要采光好，让地面、水槽尽可能保持干燥；其次要通风，流动的空气可以减少余味的残留。

图 7-8 盥洗室采光好又通风

2. 洁具的高度。

洗手盆的高度低于幼儿的手肘，为避免幼儿洗手时打湿衣袖做了准备。根据小、中、大班幼儿年龄的增长，洗手盆、小便器的高度要适当地调整。

3. 毛巾的悬挂。

悬挂的毛巾，既要有间隔又要错开。从卫生的角度和便于幼儿取放的角度来悬挂毛巾，在小细节上做到科学。

4. 主调的色彩。

盥洗室环境的色彩要鲜明、协调、有主调。这样装饰才能给人以美感，才能使幼儿受到美的熏陶。

5. 饰物的点缀。

盥洗室环境装饰，要运用形式美的法则，遵循对称、均衡、和谐、变化与统一等规律。为此，不妨在边角处添加小饰物，如墙上的小吊兰、窗口的小雕塑、间隔板的艺术画、纸盒上的小饰品等，都会让幼儿爱不释手。

图 7-9 盥洗室的小装饰

6. 幼儿的参与。

幼儿园的环境装饰要听取幼儿的意见，要同幼儿一道美化装饰；让幼儿做些力所能及的事情，在美化环境中初步培养幼儿创造美的意识。

图 7-10 幼儿参与装饰

💛 **教育笔记二**

主人翁意识的培养

深圳市第十二幼儿园 何雅秋

盥洗室是保育教师的事，这是意识上的误区。

当我们用幼儿的作品来装饰盥洗室的时候；

当我们让幼儿自己来挂、收毛巾的时候；

当我们让幼儿自己来装纸巾盒的时候；

……

当我们让幼儿自己发现：水龙头还在滴水呢，冲便区的开关是否拧得过紧，便厕是否留有余味，该给墙上的植物浇水了，洗手液没有了，该添加了，是否洒下了满地的水……

当教师把这么多的问题都交给幼儿去处理的时候，他们的主人翁意识就在一点一滴中开始生根发芽了。任何个体从出生开始，就一直受到特定社会规范的约束。个体开始只是被动、无意识地遵守这些规则。随着个体身心的不断发展，开始逐步了解和认同社会规则，并慢慢将这些规则内化成日常的行为习惯，成为社会规范的遵守者和维护者。虽然幼儿在幼儿时期对某些规范并不能完全达到认同和内化，但是教师有责任帮助这些社会的新成员们了解、认同、内化社会规范。因此，培养幼儿和教师一起承担主人翁的职责，让盥洗室充满整洁、温馨与美好，是幼儿教师的重要任务之一。

💛 **环境创设**

在洗手池上方、幼儿视线的高度贴上"幼儿洗手顺序图"可以提醒幼儿正确洗手。

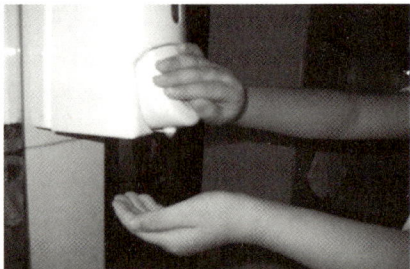

图 7-11 轻轻一按泡沫出

图 7-12 手心手背搓搓搓

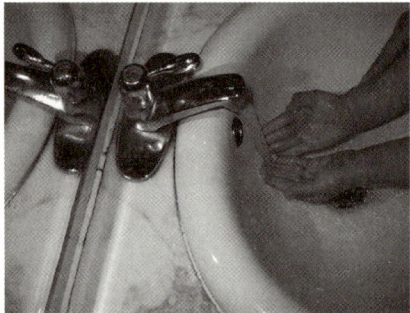

图 7-13 打开水龙头，泡泡冲干净

图 7-14　关上水龙头，小手甩三下

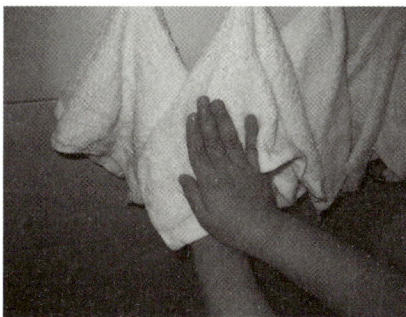

图 7-15　拿起毛巾擦干手

图 7-16　握紧小手不乱摸，
我的小手最干净

素材选编

💛 儿歌

饭前要洗手

洗手盆，水清清，
小朋友们笑盈盈。
小手儿，伸出来，
洗一洗，白又净。
吃饭前，先洗手，
讲卫生，不得病。

洗小手

打开水龙头，淋湿小小手，
擦擦小肥皂，相对搓搓手，
手心对手背，相互搓一搓，
互握大拇指，互相转转转，
指关节弯弯腰，掌心上面来搓搓，
手腕洗一洗，龙头冲一冲，
关紧擦干净，细菌全跑掉。

洗手

小朋友，来洗手，
卷起袖，淋湿手，
抹上肥皂搓呀搓，
清清水里冲一冲，
再用毛巾擦一擦，
我的小手真干净。

肥皂歌

我是一块小肥皂，
小朋友们都爱我，
要是手脏来找我，
包管小手变干净。

洗手歌

玩玩具，小手脏，
快把小手洗一洗。
先卷袖子再开水，
手心手背湿一湿。
关上龙头抹肥皂，
搓出满手白泡泡。
打开龙头冲一冲，
再把小手擦干净。

洗手歌

搓搓搓，搓手心，
搓搓搓，搓手背，

搓搓搓，搓指缝，
冲冲冲，冲干净，
关上龙头，甩三甩，
一二三，真干净。

洗手谣

小朋友们快快来，跟我来学洗手谣，
先把小手来打湿，再把肥皂搓手上，
左右掌心擦一擦，掌心手背也要擦，
手指交叉搓掌心，两手握握搓指背，
大拇指儿擦一擦，指心掌心也要擦，
手指手缝洗干净，再用清水洗一洗，
细菌个个吓得跑，我是健康好宝宝。

盥洗安全

排队盥洗别着急，
小心滑倒伤自己，
按照图示来盥洗，
节约用水要牢记。

→ 午睡

ZZZ

（4岁的每每中午很难入睡，所以经常成为教师的"小助教"）

教师：你先睡吧，已经一点多了。

每每：我不是要给他们盖被子嘛!

教师：没事，我来盖就好了!

每每：你一个人能忙过来啊？

教师：可以，你抓紧睡一小会吧。

每每：刚刚大轩后背痒痒，不是我给她抓到好舒服啊？

教师：我看到了，谢谢你!

每每：那你干嘛还让我去睡觉？

教师：……

第八章　午睡

一、基本描述

午睡是幼儿在园一日生活的中间环节，是结束上午的半日活动后，幼儿身心放松、进入休息睡眠的阶段，也是教师了解幼儿身心发展状况、睡眠习惯等并进行个别交流、建立情感的重要环节。根据季节、气候等因素，午睡时间大约为2小时。

二、对幼儿而言，在午睡活动中可以——

☆身心放松，保证充足睡眠，恢复体能和精力，为下午的生活学习活动奠定良好的基础。

☆学习整理个人衣物、床铺，培养自理能力。

☆养成良好的睡眠习惯。

☆和教师、同伴积极互动，感受集体的温暖。

三、对教师而言，在午睡环节中应该——

☆合理安排午睡前的活动，使幼儿在入睡前保持情绪稳定。

☆提醒、协助幼儿整理个人衣物和床铺，培养其自理能力。

☆营造良好的午睡氛围，引导幼儿带着积极、愉快的情绪进入睡眠。

☆帮助幼儿养成独立入睡、睡姿正确等良好的睡眠习惯。

☆视情况与幼儿进行个别交流，建立良好的师生情感。

☆细心观察幼儿的身心状况，如有无身体不适或情绪不安的情况，适时沟通了解并给予适宜的帮助。

☆合理分工，确保午睡的秩序与安全，并做好交接工作及必要的记录。

方法与流程

一、午睡前的准备

（一）合理安排午睡前的活动

午睡前宜安排安静、舒缓、放松的活动，如看书、折纸、散步等，避免易引起幼儿兴奋、神经紧张的活动，以使幼儿在入睡前保持情绪安定。

（二）提醒幼儿睡前如厕

午睡前，提醒幼儿如厕大小便，排除生理需求对午睡的干扰。

（三）组织幼儿做好睡前整理

引导幼儿睡前自觉脱外衣、鞋袜（特别注意袜子应晾在通风处），摆放整齐后轻轻地进入睡室；然后整理床铺，摆放好枕头，把被子完全打开后，躺下盖好被子。

（四）营造午睡氛围

为幼儿创设一个良好的睡眠环境：整洁、安静，注意适宜的通风、温度和光线，并且可以播放舒缓宁静的音乐、故事等。

（五）做好和幼儿的情感沟通与互动

午睡期间，教师与幼儿亲密接触，给予幼儿亲人般的关怀，能有效地增强师幼间的情感沟通与互动，稳定幼儿情绪，帮助幼儿尽快入睡。比如，教师可用轻柔的语言，或用手势代替语言，暗示幼儿尽快入睡；可用鼓励性的动作（竖起大拇指，轻轻地抚摸头部等），使幼儿产生安全感、温馨感。对个别情绪较激动、辗转反侧的幼儿，教师宜采用亲切柔和的言行态度，拍拍背、摸摸头等，做好与幼儿的情感沟通与互动，使幼儿自然地安静下来。

（六）做好睡前安全检查

仔细检查幼儿是否将扣子、硬币、沙粒、石子、食物以及小棒、别针、玻璃制品等各类尖锐的物品带在身上或带到床上，避免午睡时幼儿被刺伤或将异物塞入鼻内、耳朵，吞入气管或肺内。

二、午睡中的管理

（一）培养幼儿良好的睡眠习惯

1. 用多种亲和的方式引导幼儿安静入睡，半小时内入睡率应达到 90%。

2. 引导幼儿保持正确且舒适的睡眠姿势（不蒙头、不俯卧、不咬被角、不吮吸手指、不玩弄生殖器等），自觉盖好被子。

(二)细心观察幼儿的身心状况

当幼儿有情绪不安、身体不适或生病的状况时，通常会反映在睡眠上。教师应加强巡视工作，并在此过程中特别注意加强对体弱、患病及有特殊需要的幼儿的观察与照顾。

1. 注意观察幼儿的精神状态，如是否不安、是否惊醒或梦中哭泣。

2. 注意观察幼儿的身体状况，如是否出汗、蹬被子、咳嗽、发烧等，若发现异常必须及时处理。

3. 注意观察平时多尿的幼儿是否尿床以及是否需要提醒如厕；如有幼儿在午睡过程中起床上厕所，应密切留意，做好防寒工作并预防跌倒、影响他人等情况发生。

(三)合理分工，确保午睡的秩序与安全

午休的教师和午睡值班教师应合理分工，做好幼儿状况的记录和交接，确保幼儿午睡过程中的秩序与安全。

三、午睡后的起床整理

(一)以多种方式轻柔地唤醒幼儿

教师可用温柔的声音，轻声唤醒幼儿，或者播放一段轻柔的音乐，引导幼儿逐渐从睡梦中醒来；待大部分幼儿醒来以后再拉开窗帘，提醒幼儿起床。

(二)组织幼儿做好起床整理

引导并协助幼儿做好起床整理，并考虑季节和气温特点。

夏季起床整理的顺序通常为：整理床铺；午睡时出汗的幼儿视需要更换上衣与裤子；穿鞋袜。

冬季天冷，为避免幼儿着凉感冒，所以，起床整理的顺序通常为：半坐在床上，穿好上衣；穿好裤子；穿好(鞋)袜；整理床铺。

经验小贴士

♥ 关注午睡期间容易出现的安全问题

午睡期间容易出现的安全问题有：蒙头睡觉导致憋气；私带玻璃球、扣子、硬币、尖锐的东西等危险物品上床玩，导致异物进入口腔、鼻腔、耳朵等重要身体部位或刺伤身体；上、下床及在床上玩导致坠落的危险；衣裙绑带、帽绳、裤绳、女孩扎头发的头绳、橡皮筋等物品缠绕幼儿的脖子、腰部、脚腕、手腕等部位导致窒息或受伤的危险等，这些午睡的安全隐患要尤为注意和防范。另外，夏季午睡时使用蚊香要特别注意点

蚊香的时间、位置及熄灭的时间，并保证电蚊香插座的位置安全；任何季节都要保持室内空气清新、常通风。最后还要注意对幼儿午睡位置旁、上下左右的家具、电器等进行安全检查与加固，防止物品坠落砸伤幼儿，并注意勿让幼儿睡在空调及风扇的直接出风口处，以防感冒。

💛 入睡困难的原因及对策

有些幼儿，在教师做了很多稳定情绪的工作后，仍然难以入睡，那么可能会有以下这些原因：活动量不够、光线不够暗、未养成独立入睡的睡眠习惯、夜晚睡眠时间过长等。可采取以下对策：保证幼儿的户外运动时间和运动量，使幼儿旺盛的精力得到发泄；加强窗帘的遮光效果；家园合作，帮助幼儿养成独立入睡、坚持午睡、早睡早起的好习惯。

💛 家园密切合作提高幼儿睡眠质量

幼儿睡眠过程中出现的问题通常是特别个性化的，教师必须根据幼儿生理、心理的不同特点以及生活环境、习惯的不同，与家长保持密切合作、有针对性地协助。比如，有的幼儿在入睡过程中有一些特殊的习惯，一定要摸着成人的某个身体部位才能顺利入睡；有的幼儿睡醒后总是会哭一会儿等。教师要与家长加强个别沟通，了解幼儿在家的睡眠习惯及情况，共同商讨适宜的方式，双方合作，共同帮助幼儿提高睡眠质量。

💛 根据幼儿的年龄段，制订不同的午睡时间

一般情况下，小班幼儿所需睡眠时间会长一些，中班其次，大班 2 小时即可。幼儿园可根据幼儿的年龄，适当调整其午睡时间。

💛 做好午睡情况的记录和交接

教师要做好午睡情况的记录和交接，尤其是病患儿、情绪不稳定幼儿等特殊幼儿的交接，增强班级全体工作人员对幼儿情况了解的一致性，便于及时处理出现的问题，或及时和家长做好沟通。

参考案例

💛 案例分析

幼儿在园不好好睡觉怎么办？

🕊 **情境一**

经常听到有妈妈说："我的孩子上幼儿园已经两周了，老师反映孩子不肯午睡，每天中午都要折腾很久，让老师很伤脑筋。每次和老师谈起这事我都很为难，不知道该怎么办。因为孩子原来在

家就没有午睡的习惯，一般是愿睡就睡，什么时间都可以，不愿睡的时候我们从不勉强她。"

情境二

也经常会听到教师说："带小班的老师在孩子入园初期最头疼的问题，一是孩子的吃饭问题，二是孩子的午睡问题，其实和父母担心的问题是一样的。"

原因分析

幼儿不好好午睡原因主要有以下几点。

第一，情绪问题。幼儿因为情绪不安，想念爸爸妈妈而不愿午睡。

第二，作息时间与家庭不一致。很多幼儿在家的时候想睡就睡，到了幼儿园就要遵循固定的作息时间。幼儿还没有建立起这种条件反射，有些幼儿到起床时间才犯困。这个问题在中大班幼儿身上也会出现。

第三，幼儿对幼儿园的集体生活还不适应。在家时，幼儿睡觉房间里没有其他声音的干扰，窗帘也是拉得严严实实。可是幼儿园环境就没有那么安静，幼儿之间会相互干扰。有的幼儿在家有人陪着或搂着睡，在幼儿园教师要巡视每一位幼儿，不能陪着或搂着个别幼儿睡，所以情感上幼儿不能接受。

建议与对策

幼儿睡眠的习惯和需要个体差异很大，也确实有些幼儿精力特别旺盛，很少睡午觉。因此，一到幼儿园统一要求的午睡时间，这类幼儿就会感到很难受，也让教师很为难。要想解决幼儿的午睡问题，关键在于家园统一认识，合力教育。

家庭方面，教师可建议家长做到以下四点：①坚持午睡。家长给孩子规定出一天的作息时间，使孩子吃饭、睡觉、活动都有一定的时间，这是培养孩子良好生活习惯的重要条件。一定的时间经过多次反复形成条件反射。这样坚持下去，到午睡的时间，孩子就会产生睡意，并慢慢养成自动入睡的习惯。②用正确的方法安排孩子午睡。到午睡的时间，家长可以提醒说："该午睡了，睡醒再玩。"这能使孩子形成一种概念，即"午睡和吃饭一样，是一天生活中不可缺少的内容之一"，而不是可做可不做的事情，并且在孩子做得好时，及时鼓励。③为孩子创造良好的睡眠环境。新鲜清爽的空气是使孩子很快入睡的重要条件，室内温度不宜过高，要有安静的睡眠环境，成人的动作、言语要轻，排除一切人为的干扰。④周末也尽可能按照幼儿园的作息时间安排孩子的一日生活，不随意打乱孩子的"生物钟"。

作为教师，一方面应努力为幼儿营造良好的睡眠环境，解除幼儿的心理情绪问题；另一方面在条件允许的前提下，可允许个别幼儿在不影响他人睡眠的前提下在活动室安静地游戏或阅读。教师不应把幼儿是否午睡和是不是好孩子联系起来。如果幼儿在幼儿园未午睡，则及时告知家长晚上尽可能安排幼儿早些上床，保证充足的睡眠，以免影响幼儿的生长发育。

♥ 观察笔记

观察时间：20××年12月10日

观察地点：午睡室

观察人物：兰兰

🐦 观察情境

午睡时间到了，小朋友们陆续上了小床，兰兰又在那里调皮捣乱，把小朋友们的鞋子弄得乱七八糟，但今天我并没有马上制止他的行为。我对小朋友们说："从今天起，老师不再说你们了，因为你们都长大了，都能自己睡午觉了。"我的话音刚落，只见小朋友们一个个都自己盖好被子，兰兰也不例外，上了床，盖好被子，做好睡觉的样子。不一会儿，小朋友们都进入了梦乡，睡得可香了。

🐦 分析

兰兰小朋友聪明、活泼，很讨人喜爱，可每天的午睡总让教师操心。在午睡前，小便后，总不能马上安静下来，不是在床上闹，就是和邻床的小朋友说话，教师的教育也收效甚微。但兰兰今天表现得不错，因为幼儿期盼自己长大，愿意听鼓励的话。

🐦 教育措施

第一，教师要以赏识为主，对幼儿多进行鼓励，以帮助幼儿好好午睡。

第二，教师要和家长取得沟通，请家长配合鼓励，并在周六、周日也要坚持让幼儿午睡，帮助幼儿养成良好的午睡习惯。

♥ 教育随笔一

豆豆数羊

"老师，今天豆豆午睡睡着了吗?"这个星期，妈妈几乎每天都要问同样的问题。

原因是，孩子在家从来不睡午觉，妈妈很担心孩子每天在幼儿园的午睡时间段里是怎样度过的。

其实，对于我来说，豆豆的午睡还真让人头疼。前几天里，任凭教师怎样哄他、拍他，他就是无法入睡。

又到了午睡的时间，好多小朋友已经进入了梦乡，我忽然听到一个轻轻的嘀咕声。走近一看，又是豆豆。"豆豆，你在说什么呢?"他没有理我，继续搬弄着手指，嘴巴里还嘀咕着："61、62、63……"原来他在数数，尽管小手的搬弄和嘴巴不一致，但是，他还是准确地将数字数下去："69、70、71……"这样，我默默地陪着他，听他数到了100。"豆豆，你好聪明，能数到100。""我在数羊，数完100只羊，我就可以睡着了。"这肯定是大人教他入睡的好方法。"这可真是个好办法，你把小眼睛闭上，100 只小羊都在睡觉呢！豆豆和他们一起睡，好吗？"豆豆欣然同意了，第一次主动闭上眼睛，在教师的"1 只羊、2 只羊……"中，慢慢进入梦乡。

孩子从小没有养成午睡的习惯，一下子要改变孩子的作息时间，是有一定难度的。但是，习惯也是可以改变的，需要逐步地培养，关键是要找到适宜的方法及耐心的等待。孩子在数到 100 只羊后，有了很大的满足感，相信在不久的将来，孩子只要数到几十羊后就能很快入睡了。我会继续等待，继续关注！

❤ 教育随笔二

避免幼儿尿床的策略

班上的几个孩子午睡的时候总是尿床。教师经常提醒他们睡觉之前要小便，想小便了要告诉教师，可是效果不佳。

于是，我开展了一次"小猪尿床"的故事教学活动。我边讲故事边演示着教具，孩子们非常专注地听着故事。当讲到"不一会儿，滴答、滴答，什么水滴到了小兔子的身上了"的时候，孩子们着急地说："看，小猪尿床了呀""它睡觉前没有小便呢""羞羞脸了，小猪又尿床了"……

这时候，我对孩子们说："对呀，小猪睡觉之前没有小便，所以尿床了。我们可不要学小猪。我们午睡前要小便，想小便的时候要跟老师说，这样就不会尿床了。"

这次活动之后，我们班孩子尿床的现象比以前有了明显的好转。

🕊 分析

由于孩子的各种心理活动带有明显的直觉行动性，记忆和思维都是在直接与事物的接触或活动中进行的。所以我根据孩子的这个思维特点，抓住孩子喜欢故事这一爱好，并运用直观的教具、绘声绘色的语言以及适当的手势、动作来激发他们的兴趣，让他们懂得了午睡前要小便的浅显道理，其效果也远比我之前单纯地说教要好得多。

素材选编

❤ 适合睡眠时播放的音乐推荐

《摇篮曲》《月光光》《舒曼的梦幻曲》《舒伯特的小夜曲》

《平安夜》《班得瑞的轻音乐系列》《李斯特的爱之梦》

《格里格的抒情曲》《少女的祈祷》《致爱丽丝》

♥ 睡眠观察记录表

_____班幼儿午睡情况记录表

人数：　　　　　年　月　日　　　午睡值班教师：

开窗	是 □　否 □	空气	清新 □　浑浊 □
环境	安静 □　吵闹 □	衣物放置	整洁 □　不整洁 □
出汗特别多的幼儿：		起床上厕所幼儿：　　个	
经常要盖被子的幼儿：		幼儿尿床情况：	
有无幼儿患病　　有 □　　无 □		有无及时上报医生　　有 □　　无 □	
特殊情况及处理方法说明：			
交接人员签名：			
备注：			

➡️ 整理

⭐ 小路（5岁）：
整理就是把所有的东西都放回原来的位置，
有时候也要擦一下、洗一下什么的，
就像我妈妈在家里做家务一样。

⭐ 欣欣（3岁）：
标记就是告诉你每个玩具的家在哪里。

⭐ 陆陆（4岁）：
标记可以是老师贴上去的，
也可以自己到美工区去画一个。

⭐ 嘉璐（4岁）：
看到图书架上的标记了吗？
那是图书的门牌号码，
只要对着放，图书就不会找不到家了。

⭐ 颖欣（5岁）：
我最喜欢"小超市"了，
但是"小超市"里东西很多，一定要收拾整齐。
老师给每样东西都准备了放的地方，
我们看着标记就能把东西收拾好。

第九章 整理

核心关注

一、基本描述

广义的整理是指整顿使之有条理、有秩序，包含在一日生活的各个环节之中。而作为一日生活中一个相对独立的小环节整理是指幼儿生活自理及照顾环境活动的一部分，包括幼儿对自己仪容的整理、个人物品的整理以及环境的整理。

二、对幼儿而言，在整理环节中可以——

☆提高自理能力，增强自信心，发展主动性。

☆增强对自身和集体的责任感。

☆建立整洁有序的生活卫生习惯。

☆体验愉悦的情绪。

三、对教师而言，在整理环节中应该——

☆提前了解、分析幼儿整理的难点。

☆利用直观形象的方式方法帮助幼儿掌握各种整理的技巧。

☆在必要的时候组织或提醒幼儿进行整理活动，帮助幼儿养成及时整理的生活习惯。

☆在日常活动中创设整洁有序的环境，让幼儿体验到安全感和秩序感。

方法与流程

一、幼儿仪容的整理

幼儿仪容的整理包括幼儿对自身衣着、鞋袜等的整理，也就是幼儿基本的自我生活整理。

(一)穿袜子

1. 拎起小袜子，看看哪一面是袜面（平整的一面），哪一面是袜底（有小窝窝的一面）。

2. 袜面向上，两只小手的大拇指伸进袜口，把袜子打开，小脚伸进袜子里。

3. 看看脚跟是不是在袜底的小窝窝里。如果不对，把袜子旋转一下，让脚跟住在小窝窝里。

▲指导要点：重点帮助幼儿分清袜子的袜面和袜底。

(二)脱袜子

1. 两只小手的大拇指伸进袜口，把袜子从脚后跟脱下。

2. 小手拉住袜尖，把袜子从脚上拉下来。

3. 把脱下的袜子拉直，放在适宜的位置。

▲指导要点：防止幼儿把袜子脱下后里外相反；重点在于袜子脱下脚跟后，要拉袜尖，而不是直接把袜子褪下来。对于掌握较慢的幼儿，协助他们多加练习。

(三)穿衣服

穿套头衣服——

1. 分清衣服的前后，把衣服的前面对着自己的小肚子。

2. 先把头套进衣服里，然后一只小手抓住衣服底部，另一只小手抓紧内衣的衣袖口并握个小拳头，伸进衣袖里；

另一只衣袖的穿法相同。

3. 两只手同时拉住衣服底部，向下拉，拉整齐。

▲指导要点：穿套头衣服重点在于帮助幼儿分清衣服的前后面。

穿衬衣或外套——

1. 双手抓住小衣领，把衣服正面对着自己的小肚子。

2. 用力甩，把衣服甩过头顶到后背，搭在自己的肩膀上。

3. 左手抓住右边的衣领，右手抓紧内衣衣袖，握个小拳头，伸进衣袖里。

4. 右手抓住左边的衣领，左手也抓住内衣衣袖，握个小拳头，伸进衣袖里。

5. 拉起拉链或扣好纽扣。扣纽扣从最后一个扣子向上扣，注意对齐扣眼。

▲指导要点：穿衬衣或外套难点在于衣服容易从肩膀滑下去。一旦滑下，幼儿就很难再把手臂伸进袖子里，因此，重点要让幼儿练习甩衣服并搭在肩膀上。对掌握技巧比较困难的幼儿重点辅导，鼓励其多加练习。

(四)脱衣服

脱套头衣服——

1. 双臂交叉抱在胸前，拉住两边衣服的腰部。

2. 双手一起用力把衣服拉过头顶，让头部先出来，再分别拉出两只袖子。

3. 拉住衣服的肩膀部分，抖一下，使衣服恢复平整。

▲指导要点：脱套头衣服难点在于把衣服拉过肩膀部位，只要拉过这个部位，后面的步骤就比较容易了。因此，关键要帮助幼儿找到用力的要点，也可以鼓励幼儿互相帮忙，在后面协助拉一下，一起用力就可以把衣服顺利脱下来。

脱衬衣或外套——

1. 解开拉链或扣子。

2. 把两边衣襟向后拉开，使肩膀部分滑下。

3. 双手在身后，分别拉住衣袖，把手臂从衣袖内拉出来。

4. 拉住衣服的肩膀部分，抖一下，使衣服恢复平整。

▲指导要点：重点指导幼儿练习在身后拉袖口，防止脱完衣服后一只袖子在里面，一只袖子在外面。

(五)穿裤子

1. 把裤子铺平，分清裤子的前面和后面。

2. 坐在椅子上，拿起裤子，将两只小脚分别伸进两个裤腿。

3. 站立拉起裤腰，把裤子穿好，并低头检查裤子是否整齐。

▲指导要点：穿裤子里幼儿不容易将裤子拉到位，常常是斜吊着或者歪扭着，注意指导幼儿检查裤子是否整齐。

(六)脱裤子

1. 把裤腰部分脱到小屁股以下。

2. 坐在椅子上，裤腿脱下来。

3. 拉住裤腰抖一下，使裤子恢复平整。

▲指导要点：脱裤子时幼儿比较容易顺着裤腿向下撸，脱下后裤子里外相反，应指导幼儿坐在椅子上，用手拉裤脚，使裤子顺利脱下。

二、幼儿个人物品的整理

(一)书包的整理

1. 让家长准备两个袋子，一个用来装干净的衣服，另一个用来装替换下的衣服。

2. 让幼儿学会把替换下的衣服装进袋子，而不是随便塞进书包。

▲指导要点：书包主要装幼儿在幼儿园内用来替换的衣服，用两个袋子把干净衣服和脏衣服分开，能够使书包内保持整洁。

(二)个人作品的整理

1. 在学习区活动时，幼儿把已完成的作品放在指定的筐子内。

2. 在合适的时间，如整理时间、午餐前、放学前或其他自由时间，把自己的作品放进自己的物品盒(通常是一个档案盒或者文件夹等)。

3. 比较大的作品，可以折叠后放入。

▲指导要点：教师应为幼儿准备临时存放作品的筐子，做好标记，使幼儿熟知。要让幼儿学习档案盒或文件夹的

使用,练习把自己的作品分类并整齐地放入,以便妥善保存。教师可在相应位置预先做好标记,协助幼儿将作品进行分类保存。

(三)衣服的整理

1. 把衣服脱下后,平铺在桌子上,对襟衣服要拉起两边的衣襟。

2. 把两边的袖子向内折,互相对齐。

3. 把衣服下半部分向上折,使衣服整齐折叠。

图 9-1　关关门(拉整齐
一边的衣襟)

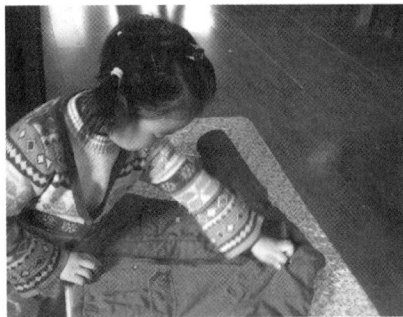

图 9-2　关关门(拉整齐
另一边的衣襟)

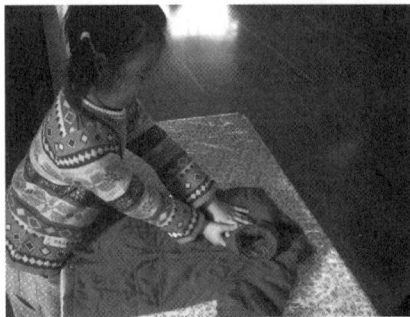

图 9-3　抱抱臂(折一边的袖子)

图 9-4　抱抱臂(折另一边袖子)

图 9-5　弯弯腰(折起下摆)

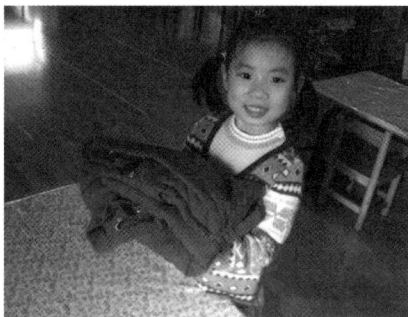

图 9-6　我的衣服折好了

（示范：深圳市第九幼儿园　苏柔冰小朋友）

▲指导要点：折对襟衣服对幼儿来说比较困难，重点是要把两边衣襟对齐，这样比较容易折整齐。冬天，幼儿脱下厚重的外套，建议教师为幼儿准备一个专门存放外套的空间，避免书包柜内拥挤凌乱。夏天，幼儿容易汗湿衣服，建议教师为幼儿准备能晾晒的空间，如走廊，把衣服晾干后再折叠整理，保持清洁卫生。同时注意协助有困难的幼儿，并提醒幼儿在放学离园前将自己的衣服收进书包。

三、环境的整理

（一）体育器材的整理

1. 体育活动结束，幼儿把自己使用的器材分类放回指定区域。

2. 需要较长时间整理的，或者有需要的情况下可以由小值日生和教师共同完成。

▲指导要点：幼儿园所有体育活动器材都应有固定存放位置，而且摆放的高度和方式应该适宜幼儿自己取放。同时应该为每个存放点制作明显的标识，使幼儿清楚各种器材所在的位置以及具体的摆放方式，便于幼儿自行取放和整理。

（二）区域材料的整理

1. 区域活动中个人的活动结束后，幼儿要将所用材料整理复原。

2. 区域活动中小组合作活动或游戏结束后，幼儿要和同伴共同整理用过的区域材料。

3. 把活动中用剩的废余材料放进垃圾桶或指定的容器内。

4. 把自己的作品、记录单等盖上姓名章或做好标记，放到指定的位置。

5. 如有需要，使用小抹布，把自己操作的桌面擦干净。

▲指导要点：

第一，区域活动材料的摆放应该整齐有序，并且便于幼儿独立取放，可以通过标识提示的方式帮助幼儿准确对应材料的位置和记忆整理的方法。

第二，视材料的整理为活动的一部分，在向幼儿介绍新活动材料的使用时，同时介绍材料的取放与整理方法，帮助幼儿养成良好的习惯。

第三，对于整理过程比较复杂的区域或材料，可以提前提醒幼儿开始整理，以便有充足的整理时间。

第四，为幼儿提供必需的整理工具，

如抹布、小扫把、小簸箕等，以便幼儿能够有效参与整理。

经验小贴士

💛 穿脱袜子分不清袜底袜面怎么办？

1. 穿袜子的难点在于幼儿难以区分袜子的袜底和袜面。在穿袜子前，首先应让幼儿分清哪边是袜底，哪边是袜面，可以告诉幼儿："袜底有个小窝窝，是脚跟的家，穿上袜子瞧一瞧，脚跟是不是在自己的家里。"

2. 脱袜子的难点在于幼儿脱袜子的时候容易把袜子脱成里外相反，再次穿起来时要把袜子翻过来。这对有些幼儿来说比较困难，因此要让幼儿养成习惯，在把袜子脱下脚跟以后，就要拉住袜头，把袜子"拉"下来，然后拉直袜筒即可。

💛 穿衣服时遇到穿反、滑落怎么办？

1. 穿套头衣服时，幼儿最容易犯的错误就是前后穿反，因此在穿衣服前一定要让幼儿先辨认哪边是衣服的前面，把衣服的前面对着小肚子，再往里套。

2. 穿衬衣或外套的难点在于衣服搭在肩膀上很容易滑落，滑落后袖子就很难穿上，因此要让幼儿抓住正在穿的那一边的衣领，让手容易伸进袖子里。

3. 幼儿在穿衣服时，如果不抓住里面的衣服袖口，袖口就很容易缩进去，很不舒服，教师再帮忙拉也不好拉。因此要让幼儿习惯在伸进袖子前把里面衣服的袖口拉好，握成拳头更容易把手伸进袖子里。

4. 扣纽扣时建议幼儿从下向上扣，这样对幼儿来说容易看清对应的扣眼和扣子，"对错扣眼"的情况会大大减少。

💛 脱衣服时遇到里层外翻怎么办？

1. 脱套头衣服时，双臂交叉后要拉住衣服的腰部，而不是底部，因为拉住腰部更容易使衣服脱出肩膀部位，容易脱下。

2. 脱衬衣或外套时，让幼儿学会双手在身后拉袖子，保证脱下的衣服里外没有拉翻。

💛 穿裤子时怎样分清前与后？

穿裤子的难点在于分清前后。对年龄小的幼儿，可建议家长把姓名贴缝在裤子的前面部分，如腰头、口袋上等，帮助幼儿辨认前后；对年龄大的幼儿，可教幼儿注意裤子的商标，一般商标都是缝在裤子后腰内的。

💛 整理书包时家长可提供哪些帮助？

保持书包整齐，要得到家长的支持。告知家长为孩子准备两个袋子，一个袋子用来装干净的衣服和毛巾，另一个袋子用来装换下来的衣服和毛巾，使孩子养成将替换下的衣服和毛巾放入另一个袋子的习惯。此外，要教孩子学习折叠衣服，替换下来的衣服和毛巾折叠好再装进书包，这样可以节约书包的空间。对于临时要带回家的通知、作业单、小作品等纸张，可以让孩子折叠好后，放在书包的外层，避免与衣物放在一起造成皱折和损坏。书包里的物品分类收放，可以有效解决书包里东西混乱的问题。

图 9-9　另一袋子装替换下来的衣服和毛巾

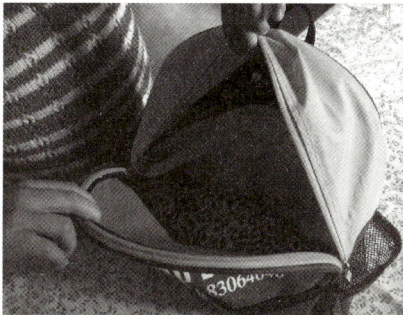

图 9-7　请家长准备两个袋子

图 9-10　这样衣服就不会乱啦

图 9-8　一个袋子装干净的衣服和毛巾

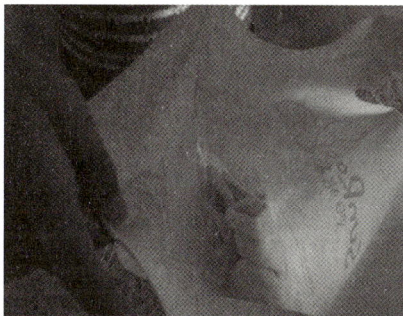

图 9-11　通知等纸质物品折好放在书包外层
（示范：深圳市第九幼儿园　梁瀚彬小朋友）

💛 **整理文件夹时怎样分类？**

教师可根据班级活动可能产生的幼儿作品类别，如数学区学习单、语言区学习单、益智区学习单、美工作品等，在文件夹内做好标识，如不同颜色的标识或不同图案的标识，帮助幼儿及时分类整理各类作品。

♥ 整理体育器材时怎样使用标记？

对体育器材进行归类整理，划分区域，做上标记，使幼儿能够一目了然，一看就知道怎样整理。教师带头整理，同时鼓励幼儿一起整理。因为整理起来容易，经过指导，幼儿活动后都能自觉整理器材，整个环境井然有序。

图 9-12　用明显的标记为玩具
器材安一个"家"

图 9-13　一一对应，使细小整理
更加简单，容易操作

参考案例

♥ 案例分析

穿脱袜子

小班幼儿入学一个月，天气就开始入秋了，很多幼儿穿袜子上学。但基本上都不会穿脱袜子，脱袜子的时候就捏着袜子口往下一拉，整只袜子都反了。下午起床穿袜子的时候又多了一项翻袜子的工作。这样很浪费时间，以致下午起床后整理的速度很慢。

教师可以教幼儿学唱儿歌《穿袜子》《脱袜子》，然后集中给幼儿示范讲解，使幼儿掌握穿脱袜子的关键步骤；再请掌握穿脱袜子技巧的幼儿示范表演；最后进行穿脱袜子比赛。

穿脱衣服

小班刚入园的幼儿，很多都不会自己穿脱衣服，常常在这些环节上耗费很多时间。如何让幼儿尽快学会自己穿脱衣服，是小班教师急需解决的一个问题。

教师在示范穿脱衣服的时候，配合小口诀提高幼儿的兴趣，帮助幼儿掌握穿脱衣服的基本顺序和技巧，并在日常生活中多加练习。

"一件衣服三个洞，先把脑袋伸进大洞口，再把手臂伸进两边小洞洞，拉直衣服就完工。"

通过这些琅琅上口的儿歌，幼儿开心地边说儿歌边穿脱衣服，很快就学会了穿脱衣服。幼儿盥洗室里应配备有大镜子。教师可以引导幼儿对着镜子自己检查衣服是否穿对了，扣子是否扣整齐了，学习自己照顾自己。

个人作品整理

幼儿每天在幼儿园的学习活动中总是会完成各种各样的小作品，如绘画作品、手工作品、作业单等。如果幼儿不会自己整理这些作品，可能会造成混乱、遗失或损坏。

在学习区内，教师在固定的位置为幼儿准备一个作品筐，以便让幼儿临时存放作品，避免遗失或损坏。同时在教室的固定位置，为每位幼儿准备一个方便取放的档案文件夹，让幼儿清楚自己文件夹存放的位置。有作品需要存放时，让幼儿拿出自己的文件夹，把作品放入文件夹内。有作品需要带回家时，引导幼儿把作品折叠好，放入书包的侧袋内，避免与衣物混合。

学习折叠衣服

在户外活动前，幼儿脱下了外套，随意地放在桌子或椅子上，整个教室显得很凌乱。如果幼儿能快速地折好衣服放在小椅子上，教室看上去就整洁多了。

教师把折衣服的步骤用照片记录下来，配上儿歌，制作成课件。边播放课件边引导幼儿念儿歌，一步一步跟着学习折叠衣服。同时保育员配合教师共同督促幼儿，养成脱下衣服及时折叠并放在指定位置的好习惯。

室内环境整理

每天区域活动结束以后，教室里总会产生一些废弃的材料，如剪下的纸屑、用剩不要的边角料、双面胶或即时贴背面的贴纸等。整理这些材料比较烦琐，也牵制教师的时间和精力。

在容易产生废弃材料的区域内，如美工区，为幼儿准备专门的小筐子，用于装废纸等物品。为幼儿准备适合其身高的小扫把、小簸箕等，鼓励幼儿自己收拾废纸。区域内所有物品、材料均应设置明显的标识，以便幼儿能根据标识独立将物品材料放回原位。

♥ 教育随笔

建构区整理

今天，幼儿在建构区合作搭建了一个"大公园"、几栋"高楼"以及连接"公园"和"高楼"的"马路"。他们对自己的成果非常满意。整理时间到了，他们决定保留搭建的成果，以便向同伴们展示。幼儿来征求教师的意见，教师请他们把剩余没有使用的材料整理好。

建构区的幼儿把剩余的积木按形状标记摆回积木柜，把没有使用到的辅助材料放回筐子里。这时，一位幼儿捡起一辆小汽车，准备放回整理筐内，但临时又改变了主意，决定把车放在"马路"上。另一位幼儿看到了，从辅助材料筐里找出一棵树，放在"公园"旁边。又有几位幼儿用正在整理的积木搭了几栋"小房子"。

等到教室里其他区域都整理完成时，建构区内仍是七零八落的。各种搭建的材料还没有整理好，还有人仍在忙着扩建"马路"。

建构区幼儿整理物品的注意力转移到了搭建上，也许是他们在活动时间结束时，搭建的工作并未全部完成；也可能是教师给出的建议并不明确，导致他们并不清楚应整理的到底是哪些物品。教师看到这种情况后，重新给了一个建议："区域活动已经结束了，如果没有全部完成的话，下午你们可以继续进行。现在请把没有使用的积木、纸板、圆筒和别的物品都收起来。请看一下钟，看你们能不能在长针走到9的时候整理好所有的物品。小朋友们都在等着听你们分享今天的成果呢。"

5分钟后，建构区整理完毕了。

素材选编

♥ 儿歌

穿袜子

缩起小脖子，（拿住袜筒两侧）
钻进小洞子，（穿进袜尖）
拉起长鼻子，（拉袜筒）
穿好小袜子。

脱袜子

缩起小脖子，（脱袜筒至脚心）
拉长小鼻子，（拉出袜头）
拉直小身子，（袜子拉直）
挂在小椅子。（袜子挂在椅子的木杆上）

♥ 方便整理的各种标识

1. 玩具柜标识设计。

（1）小班标识：以具体形象为主，便于小班幼儿辨认和记忆。

图 9-14　小班标识

（2）中班标识：以数字、形状为主，符合中班幼儿认知水平。

图 9-15　中班标识

（3）大班标识：可相对提高难度，适当使用汉字。

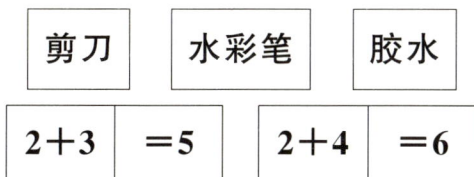

| 剪刀 | 水彩笔 | 胶水 |

| 2＋3 | ＝5 | 2＋4 | ＝6 |

图 9-16　大班标识

3. 户外体育器械整理。

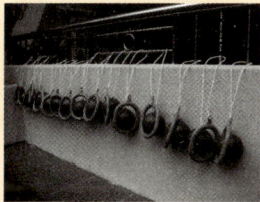

温馨提示：

1. 适合范围：4～6岁幼儿。

2. 玩法：把扬子棒棒球的套环套在一只脚踝上，一只手执球顺势丢出，让球在脚的帮助下能持续绕圈运行。

3. 收拾时请对好标识摆放整齐。

名称及数量：扬子棒棒球　16个

五常①责任人：小一班保育员（责任要求在班级张贴）

卫生责任人：清洁工（每周一次消毒清洁）

2. 幼儿文档整理。

以颜色区分各组幼儿文档，在文件夹上贴相应的颜色标志，便于幼儿辨认并快速取放自己的文件夹。

图 9-17　文档整理

---

① 五常指幼儿园在后勤管理中引入的"五常管理法"，是指通过常清理、常整顿、常清洁、常维持、常自律五个方面提升人的品质和管理的效率。

温馨提示：

1. 早操器械按年级、班级分类摆放。

2. 各班户外锻炼可按需要使用相应器械。

3. 使用完毕请按图摆放。

名称及数量：绳操器械　每班 40 个

五常责任人：大一班保育员（责任要求在班级张贴）

卫生责任人：清洁工　（每周一次消毒清洁）

→ 离园

⭐ 林子（3岁）：
我想要我外婆第一个来接我。

⭐ 嘻嘻（4岁）：
离园就是高高兴兴回家去，
记得要跟老师和园长说拜拜，
还有保安叔叔。

陆陆（5岁）：

离园的时候我最喜欢去好朋友家玩，

可是一定要妈妈同意才行，

我喜欢去航航家玩乐高，

要是能玩到吃完晚饭就太好啦！

第十章　离园

核心关注

一、基本描述

离园是幼儿在园一日生活的最后一个环节，是一天集体生活的结束、幼儿身心进入放松整理的阶段；也是家园交接，亲、子、师三方高频率互动的时间。

二、对幼儿而言，在离园环节中可以——

☆学习做好个人仪表和物品的整理，发展自理能力。

☆回顾整理一日生活的经验，养成有始有终的习惯。

☆和亲人、教师、同伴积极互动，感受亲人和集体的温暖，养成有礼貌的习惯。

三、对教师而言，在离园环节中应该——

☆和幼儿一起回顾当天的生活学习经验，为一天的集体生活画上句号，并鼓励幼儿把积极、愉快的情绪带到家庭中，为明天做好准备。

☆提醒、协助幼儿整理好个人仪表及物品，并做好迎接家长的准备。

☆做好和幼儿、家长的沟通与互动；

☆合理分工，确保活动的秩序与幼儿接送的安全。

方法与流程

一、离园前的整理

1. 幼儿仪表的整理：包括洗手、擦脸、梳理头发、整理衣服鞋袜等，并进行检查。

2. 个人物品的整理：提醒并协助幼儿整理自己的个人物品，如书包、衣服、玩具等。

3. 分发物品的整理：如果有当日要分发的物品，教师要提前整理好，分类放置在方便取放的位置，并张贴书面提示。

二、离园前的活动

1. 分享类活动：玩具分享、美食分享、才艺分享、发现分享、作品分享等活动会让一天集体生活的快乐情绪得到延展。

2. 回顾总结类活动：一天的集体生活会发生很多高兴的、生气的、新鲜的事儿。这时教师和幼儿共同来回顾一下，结合具体情况对每个幼儿的不同方面给予鼓励、肯定或是安慰；与幼儿共同再现快乐的事情，帮助幼儿整理快乐的心情。这样，既沟通了师生间亲密的情感，让幼儿感受到教师的关心和爱护，又消除了幼儿急于回家的焦躁情绪，从而使幼儿把每天的快乐和成长带回家，将这种积极的情绪非常有效地传递给家长。

3. 游戏类活动：静默游戏、悄悄话传递、节奏接龙、成语（或词语）接龙等游戏有助于帮助幼儿平心静气、学会专注。这种将教学活动中的学习内容变成游戏的方式不仅能起到巩固迁移的效果，也能收获幼儿快乐学习的愉悦。

4. 自主活动：个人的绘画日记、桌面建构、棋类游戏、走迷宫、玩拼图、阅读绘本……丰富的自主活动会让幼儿专注投入，秩序井然，便于教师进行个别观察和交流，也能让来接孩子的家长对孩子的自然学习状态一览无余。

三、离园前的沟通

1. 笑迎家长目光、主动沟通。主动招呼家长，真诚的目光可以帮助教师赢得家长的好感和信任，养成和每位家长有至少一句话礼貌而简短交流的习惯。

2. 根据幼儿的实际情况，诚恳沟通。抓住幼儿的个性特质，有针对性地和家长交流，让家长感受教师对幼儿的关注和爱护以及专业的观察和分析，从而产生信赖并乐意与教师交流、合作。

3. 预约时间，深入沟通。如果需要进行比较具体深入的交流，应该先请家长在一旁等待，等大部分幼儿都离园后再与家长进行详谈或者另外约定交谈时间，避免疏忽对其他幼儿的监护。

4. 兼顾每一人，热情告别。幼儿离开时，热情而用心地与每位幼儿道别，摸摸幼儿的手和头，给幼儿一个拥抱，亲亲他们的小脸，说上一句简单的悄悄话，或者提醒幼儿跟教师及同伴告别，所有这些看似简单而细小的举动都可以把教师的爱和关切充分地传递给每个幼儿，同时也会在家长的心中延伸。

要给幼儿留出一段时间为离园做各项准备。整理的环节是必不可少的，尤其对于年龄小的孩子，要计划足够的时间再次检查是否尿湿、汗湿，或者因洗手淋湿衣服等情况，并且协助孩子做必要的护理。

经验小贴士

💛 **晚接的孩子需要特别关注**

家长晚接的孩子往往容易有一种不自觉的焦虑，教师可以抓住这个机会主动亲近孩子，聊一聊、抱一抱，让孩子感受到教师的关注和呵护，培养师生间的信赖感情，减轻孩子的焦虑。

💛 **接送的秩序很重要**

教师在家长会上与家长商定接送孩子的具体流程，包括家长排队的方法，以确保接送环节的秩序井然。家长排队接孩子的小小举动既让孩子们知道了什么是轮流、等待；又为孩子们树立了榜样，增强了家长在孩子心目中威信。

💛 **处理冲突有技巧**

如果两个孩子在幼儿园发生了冲突，最好避免在离园时同时与双方家长谈论此事，特别是已经有矛盾的家长，应该分别谈，如两位教师分别与一方家长谈，这样可以更好地达到化解矛盾的效果。

💛 **整理的时间要足够**

每天家长来接孩子之前，教师都需

参考案例

💛 **教育随笔**

离园前的温馨时刻

深圳市梅林一村幼儿园　唐钊雅

快到放学离园的时候了，孩子们已经整理好自己的书包和个人物品，陆续围坐在一起。他们并没有焦虑地翘首期盼家长的到来，而是在各自想着什么，或回忆，或酝酿，或思考，甚至在悄悄期待着……

一、回忆和分享

今天，教师先开始了："今天上午九点半，我们一起去梅林公园远足了。我听到了以前从来没有听过的一些话：'风，你吹大一点吧，再吹大一点吧！''风……，你使劲地吹吧，吹到我这里来吧！''风，你快快跑吧，疯狂地跑吧''风，你把我刮走吧'……"

"哈哈，那是我说的。"

"呵呵，这是我和扬扬一起说的。"孩子们认真地听着，并不妨碍他们及时插进来认领属于他们的那一部分。

"今天和风进行了那么多的对话，你们感觉怎么样呢？"……

分析

共同回忆之后，教师会很自然地让大家有一起分享心情和感受的机会。因为分享不仅是一种美德，更是一种快乐。

离园前的整理和小结是集体生活中不可或缺的一个环节。既是生活规律的要求，也是有始有终的习性培养。共同的回忆和彼此的分享更让幼儿有众人一体的归属感，也让幼儿对明天的集体生活有了更多的期待。

二、猜猜他是谁？

"这是我今天的一个发现，有一个小朋友，他以前……，可今天……他非常努力，我真的太惊讶了，请大家猜猜他是谁呀？"

伴随着描述的推进，所有的人都在认真地听、迅速地回忆、仔细的排查……而小主角的神情更是波澜起伏——有所猜测、不敢肯定、能被别人发现和肯定的暗喜、进一步印证的欣喜……

"是×××，我知道，是×××。"当好几个孩子不约而同地报出了自己心目中的人选，谜底揭开，被众人赞美和欢呼的主角更是惊喜万分。有的可能手舞足蹈，有的可能略带羞涩，有的可能满

脸写着"这是真的吗"，但相同的是都难掩内心的激动和兴奋。当看到幸福像花儿一般开放在孩子们的笑脸上时，教师知道，它也一定会在心灵处芬芳！

分析

这是教师常用的赞美和鼓励幼儿的一种方式，描述故事让大家"猜猜他是谁"的人可能是教师，也可能是幼儿。这同时也是培养对别人优秀品质和进步行为敏感并表达赞美的一种方式。这样的赞美和鼓励很及时，话题都是当天发生的行为。它很正式，能让幼儿感到备受关注和重视。最重要的是它很具体，把话集中在幼儿的行动和努力上，而不是幼儿本身的特点和性格上。说一句"我能看出来你真的在这件事上非常认真，用了好多种方法"，就比说"你真聪明"要好得多。有研究表明，当幼儿的努力受到称赞之后，当他们遇到困难时，他们往往能再接再厉，不断尝试。另外，当幼儿被称赞聪明之后，当他们在遇到困难问题可能失败时更倾向于放弃，因为他们不愿意因冒险去尝试可能无法完成的任务而失去被认可的机会。教师必须谨记，正面或负面的评价都可能对幼儿造成不利影响。适宜的赞美和鼓励可以培养幼儿的自尊，帮助他们发展自信，但不当或过多的赞美可能只是培养了幼儿的自恋，甚至让他们更加脆弱。

三、答谢和感恩

被赞美的孩子在享受了大家的热情

欢呼后认真地站了起来，且响亮地说：
"谢谢，谢谢你们发现了我。我会更加努
力的!"并走过去和用心发现并描述他的
人一一拥抱，拥抱是很深情的那一种……

🐦 分析

懂得感恩的人心灵才能富足，认真
地答谢别人的关注和鼓励是一项重要的
心智习性，是幼儿从生活中学到并要坚
持练习的。"我会更加努力的。"这是幼儿

的承诺，也是透过语言的自我精神强化。
富有精神力量的词句言语，无论是当朗
诵时，或是事后用心回忆、想象起这些
语言和场景时，心都将会被注入力量!
而逐步培养起来的对他人身上美的敏感，
让每一个幼儿，包括教师能更多地发现、
欣赏并享受到美好的感觉，一天的集体
生活也就此画上了圆满的句号。

过渡环节

欣欣（5岁）：

玩完一个活动要玩下一个活动的时候，
我们就要穿鞋子、小便、喝水什么的，
老师说我们要自己做好准备。

婷婷（4岁半）：

有时候老师会请我带大家做律动，
因为我的动作很迅速，超级快！

【童心童画】

⭐ 丰丰（5岁）：
区域活动结束的时候，
值日生就要去为大家服务，
做一些事情，
分水果和擦桌子。

第十一章　过渡环节

核心关注

一、基本描述

过渡环节是指一日生活中由一个活动过渡到另一个活动的中间过程，是活动组织转换的过程，更是活动参与者身心预备的过程。

二、对幼儿而言，在过渡环节中可以——

☆预先知道下一个活动的内容与要求，逐步产生对一日活动的安全感和秩序感。

☆自主做好参与活动的身心预备，发展自主性，养成生活有序的良好习惯。

三、对教师而言，在过渡环节中应该——

☆提前告知幼儿下一活动的内容和准备要点，提醒幼儿自主做好预备。

☆使用简洁的语言或幼儿熟悉的信号。

☆尽量让过渡环节自然、流畅，并尽可能减少集体性的过渡。

☆准备一些适宜该环节的手指游戏、歌曲、儿歌或律动等，让过渡环节充满乐趣。

☆鼓励幼儿与教师、幼儿与幼儿间的互动，并留意随机教育的契机。

☆教师分工要明确，站位要清楚，保证所有幼儿在教师的视线范围内。

方法与流程

一、做好整体计划，为各活动之间的顺利过渡打好基础

教师必须对一日生活的内容、形式及时间安排等做好整体计划，尽可能减少集体性的过渡，避免幼儿消极等待及无所事事的现象。

二、灵活组织，确保过渡环节的自然与流畅

1. 提示变化：使用明确且幼儿熟悉的

信号或指令提示幼儿活动即将发生变化。

2. 明确预告：使用简洁的语言告知幼儿下一活动的内容和需要准备的要点，让幼儿明确自己在转换过程中需要做什么以及能够做什么。

3. 预留空间：尽可能让幼儿自主完成过渡环节的活动任务，同时可以鼓励幼儿在此基础上有自己合理的想法和计划，并付诸实施。

4. 随机教育：注意观察幼儿在过渡环节中的表现，如行为的目的性、兴趣和爱好、与同伴的互动性等，视情况需要给予个性化的支持，并留意随机教育的契机。

三、明确分工，保障过渡环节的安全

在过渡环节中，通常幼儿活动的空间范围比较宽泛、零散。几位教师要明确分工合作，站位清楚，让所有幼儿都在教师的视线范围之内，确保安全。

经验小贴士

💛 过渡环节中幼儿消极等待的原因

过渡环节中幼儿出现消极等待的现象通常是以下原因所致：

1. 活动设计与整体的安排不科学。

2. 教师消极控制，导致幼儿基本没有自主空间。比如，经常要求幼儿必须洗手、喝水，然后安安静静坐在座位上等待，造成幼儿不是磨磨蹭蹭，就是无所事事等。

3. 幼儿不知道自己应该做什么以及可以做什么，导致幼儿行为无目的，只好自行玩闹、无目的地闲逛等。

4. 教师相关的预备不充分。比如，下一个学习活动的材料没有摆放好，造成忙乱，只好让幼儿等待。

5. 教师之间分工不合理，导致部分幼儿部分时间段无人监护，或者有些衔接不顺畅，产生临时等待等。

🧡 过渡活动的基本类型及适宜时机

1. 活动式过渡：指以如厕、洗手、喝水等短暂生活活动，或者小型游戏、律动、操作等活动衔接前后两个环节，实现活动转换过渡的方式。其中以生活活动作为主要过渡内容的方式适宜于两个较长时间段活动的衔接，或者是空间转换的两个活动的衔接，以便满足幼儿的生理需要；以小型游戏、律动等方式的衔接，常常适宜于临时填补空白的随机需要，如果能够选择和前后活动内容相关联的游戏、律动素材则更佳。

2. 信号式过渡：指教师利用音乐、铃声、琴声、动作、手势等作为信号吸引幼儿的注意，提示幼儿活动即将发生变化，引导幼儿的注意力和兴趣自然转向下一活动。通常适用于组织比较松散的活动向下一活动或下一环节的过渡，如区域活动准备整理结束的时候，户外活动准备集中的时候等。其优点是高效、便捷。所采用的信号应该具有较高的辨识度，而且幼儿要熟知其含义。

3. 线索过渡式：指教师通过对前面活动的总结，巧妙地引出后面活动的内容，使幼儿的活动经验成为连接前后两个活动的线索和手段，实现自然的承上启下的过渡方式。这种过渡方式自然、流畅，且有助于幼儿统整前后活动的经验。但需注意的是，教师在设计安排前后两个活动的时候要充分考虑其关联性，在过渡的时候应巧妙自然，切忌生硬拼接。

值得注意的是，以上几种过渡方式通常不是单独存在的，而是视需要综合运用的。

参考案例

❤ **活动设计一**

×××出发啦

🕊 **设计意图**

当教师带着幼儿从一个活动室到另一个活动室，或者从一个区域到另一个区域的时候，常常会要求幼儿排好队整齐地走或者轻轻地走。久而久之，幼儿会觉得很无趣，而且感觉备受束缚。这个小游戏的设计可以帮助教师和幼儿在平时的常规活动中以生动活泼的方式互动。教师可以视幼儿的不同兴趣和能力水平变化游戏内容，开展随机教育；幼儿则不仅能够感受到乐趣，锻炼一些运动能力，还可以参与到创意设计中。

🕊 **游戏实施**

阶段一：教师可以引导幼儿模仿动物的行走，如学习小猫轻轻地走、学习小乌龟爬着走等。

阶段二：教师可以增加动作要求或者合作的要求，如双脚跳、单脚跳、蹲着走、两个或多个幼儿合作"毛毛虫"走等。

阶段三：幼儿创意走，自行选定方式单独走或者合作走。

❤ **活动设计二**

起立/坐下

🕊 **设计意图**

进餐前以活泼有趣的方式和幼儿聊聊关于食物、吃饭过程的一些内容。

🕊 **游戏实施**

教师陈述下列一些内容，当幼儿听到能和自己关联上的内容时就做出事先约定的动作——站起来或者坐下去。

"特别喜欢吃青菜。"

"最喜欢幼儿园做的西红柿炒鸡蛋。"

"什么都爱吃，我从来不挑食。"

"我能够吃辣椒。"

"希望今天千万别吃豆角，那是我最不喜欢的食物。"

"我不能吃蚕豆，因为会过敏。"

"早餐吃得并不多，现在肚子饿得咕咕叫。"

"今天准备要添饭。"

"很希望帮助老师分发餐具。"

……

💛 **活动设计三**

小手拍拍

🕊 **设计意图**

手指游戏《小手拍拍》采用的是经典的问答儿歌，也常被用作过渡环节的小游戏。但其续编往往仅限于认识五官和身体部位。教师在实践中可以利用问答形式的手指游戏更多地开展随机教育。

🕊 **游戏实施**

基本玩法：一边提问一边做动作。小手拍拍小手拍拍（拍拍双手），手指伸出来（伸出食指），眼睛在哪里（用一种夸张的语气问）？用手指出来（一边指着自己的眼睛，一边用眼神鼓励幼儿跟着做）。

一边回答一边做动作。眼睛在这里（指着眼睛），眼睛在这里（指着眼睛）。

变化一：可以把"眼睛"换成其他任何一个身体部位，如鼻子、嘴巴等。帮助幼儿认识五官和身体的部位，增强自己的身体意识。

变化二：小班上学期，可以把"眼睛"换成其他幼儿的名字，帮助幼儿认识新的同伴，促进幼儿对新集体的适应和相互交往。中班以后，可以把"眼睛"换成形容外貌特征的词语，如"高高个子""长长辫子"等，帮助幼儿学会观察和概括他人外貌特点。

变化三：可以把"眼睛"换成学习活动中的相关内容，帮助幼儿巩固记忆、加深理解和迁移。比如，在《汽车》的主题中，请幼儿指认"停车场"中各种各样的汽车等。

素材选编

💛 **儿歌**

手指谣

时钟说：滴答，滴答，滴答，滴答。（两手竖起食指左右摆动）

剪刀说：咔嚓，咔嚓，咔嚓，咔嚓。（食指与中指成剪刀状）

榔头说：叮当，叮当，叮当，叮当。（两手握拳上下敲击）

机器说：轰隆，轰隆，轰隆，轰隆。（两手握拳屈臂转动）

小朋友拍手说：噼啪，噼啪，噼啪，噼啪，停！（有节奏地拍手，最后一下在头顶停住）

数柜子

我家有个玩具柜，（拍手两下，十指相扣，叩掌两下）

柜子一共有几层？（十指相扣，左右转动各一次）

一层、二层、三四层，（依次竖起两个手指并贴紧，顺序为小指、无名指、中指、食指）

我的柜子有四层，（左右转动手腕各一次）

一层一层关上门。（依次把竖起的两个手指弯下并相互扣紧，顺序为食指、中指、无名指、小指）

手指睡觉

老大睡了，（两手心向上，拇指弯曲）

老二睡了，（食指弯曲）

大个子睡了，（中指弯曲）

你睡了，（无名指弯曲）

我睡了，（小指弯曲）

大家都睡了。（两手心转向下方）

小不点醒了，（小指伸直）

老四醒了，（无名指伸直）

大个子醒了，（中指伸直）

你醒了，（食指伸直）

我醒了，（拇指伸直）

大家都醒了。（两手相互拍）

会变的小手

我有一双小小手，（伸出两只小手拍两下）

变成星星闪呀闪，（手握拳头打开合上两下）

变成风车转呀转，（手指相交在一起手腕转动从左移到右）

变成蝴蝶飞呀飞。（大拇指重叠，四指并拢手背向前做蝴蝶翅膀弯曲两下）

我有十个手指头，（双手手背向前伸开转向手心向前）

变成小鼓咚咚咚，（伸出食指上下敲击，其余手指弯曲）

变成小鸡叽叽叽，（食指、拇指相碰呈三角形做小鸡啄米状）

变成小狗汪汪汪。（双手大拇指放在太阳穴，其他四指并拢竖起）

我有一双小小手，（伸出两只小手拍两下）

又灵巧来又能干，（左右手轮流伸出大拇指）

我有十个手指头，（双手手背向前伸开转向手心向前）

相亲相爱不分手。（双手合十相交握拳）

五指歌

你拍一，我拍一，（双手相拍，与对面幼儿交互击手）

食指一人按门铃。（伸出食指做按门铃状）

你拍二，我拍二，（同一的动作）

食指中指剪窗花。（伸出食指、中指做剪刀状）

你拍三，我拍三，（同一的动作）

大中食指握笔杆。（伸出右手做写字状）

你拍四，我拍四，（同一的动作）

兄弟一起来干事。（伸出右手做拎篮子状）

你拍五，我拍五，（同一的动作）

大家一起来跳舞。（双手相拍，手腕转动做新疆舞状）

我们的小手

一只小狗汪汪叫，（竖起大拇指，做小狗的耳朵）

两只小兔跳跳跳，（竖起食指和中指，做小兔的耳朵）

三只孔雀真骄傲，（大拇指和食指做孔雀的嘴）

四只小鸟飞得高，（四指做小鸟的翅膀）

五只小猫喵喵喵，（五指张开做猫爪）

六只大象在洗澡，（手指变成六做大象鼻子）

七只乌鸦吃面包，（手指变成七做乌鸦的嘴）

八只小鸡啄樱桃，（手指变成八做小鸡的嘴）

九只小虫在吃草，（手指变成九做小虫爬）

十个小孩哈哈笑。（十指张开做小花）

→ 晨谈

⭐ 欢欢（3岁）：

早上老师要点名，
叫你的名字你就要说"到"，
要不然，就是你生病了。

⭐ 程程（4岁）：

小朋友吃完早餐，
就要和老师一起谈话，要做计划，
老师还会告诉我们今天玩什么好玩的游戏。

妹妹（4岁）：

每个星期一，

大家都要讲一讲星期六星期天去哪里玩了。

如果你去了很远很远的地方，

就还要带一点好吃的回来跟大家分享。

第十二章　晨谈

核心关注

一、基本描述

晨间谈话是晨间时段教师与幼儿间通过语言交流等方式相互分享经验的学习活动。它在一日生活中具有承上启下的作用。承上是可以回顾、分享和总结幼儿已有的经验，启下是为接下来的活动做好预备。在组织方式上，晨间谈话通常以集体或小组的方式进行。

二、对幼儿而言，在晨间谈话环节中可以——

☆充分表达个人见解、分享经验，发展语言表达能力，建立自信。

☆从倾听中获取有效的语言信息，拓展经验。

☆逐步掌握谈话规则，提高语言交往技能。

☆学习围绕一定主题参与谈话的能力。

☆在分享和交流中获得社会性发展。

三、对教师而言，在晨间谈话环节中应该——

☆充分了解幼儿的已有经验，有目的、有计划地选择话题。

☆以参与者的身份参与谈话，营造轻松的交流氛围，注重师生间多方信息的交流，鼓励幼儿充分表达。

☆适时传递、聚合、推进谈话，提高分享与交流的质量。

☆关注谈话活动中幼儿反映出的已有经验、兴趣倾向等，并鼓励和协助幼儿将其发展成为有意义的实践活动。

方法与流程

一、晨间谈话的准备

(一)选择合适的谈话主题，让幼儿"有话可说"

谈话活动一定要选取幼儿有一定经验，且具有新鲜感和趣味性的话题。比如，天气、节日、新闻、自然界的变化，生活中的趣事，前一天教育活动的延伸，接下来教育活动的准备，蕴含教育契机的偶发事件，幼儿近期比较感兴趣的话题等。

(二)营造宽松的谈话氛围，让幼儿"有话敢说"

建立良好的师幼关系、同伴关系，创设民主、宽松、愉快的活动氛围。教师要真诚平等地同幼儿交流，多鼓励、支持幼儿，以参与者的身份加入晨谈。比如，在晨谈活动开始前进行亲切活泼的点名游戏、趣味温情的问候游戏、有趣的猜谜游戏等，都能起到营造氛围的作用。

(三)准备适宜的辅助材料，让幼儿"有话会说"

适宜的辅助材料能够有助于幼儿经验的激活和思考的启发，帮助幼儿展开对话题的讨论、拓展和分享相关经验。比如，准备相关的实物、模型、图片、书籍、课件、视频等。

二、晨间谈话的组织

(一)引出话题

创设谈话情境，引出谈话的主题。可以用一段话、一个故事、一个谜语或者一个实物来引出当天的话题。

(二)展开话题

话题引出后，教师一定要紧扣目标，引导幼儿围绕话题自由交谈，同时要把握突出重点、准确到位、注重开放、循序渐进等要点，调动幼儿对谈话主题的认知经验，充分地交流和分享。在谈话过程中，教师要关注个体差异，鼓励幼儿表达，不要急于评价，给幼儿更广阔的思维空间。一方面可以借助材料和环境的支持，开展更深入的沟通与交流；另一方面要依靠教师的提问技巧来引导和拓展幼儿对话题的思考。

1. 巧用材料支持。

在话题开始和话题讨论不够深入时，教师可准备适当的材料引导幼儿打开思路继续讨论。材料包括实物、模型、图片、幼儿作品、幻灯片、音乐、视频和照片等。

2. 适时运用有效提问。

(1)追问式：当幼儿对一个话题谈得不够深入时，教师可采用追问式的提问方式把话题继续下去，以便谈得更深入一些。

(2)填空式：当幼儿对一个话题无话可谈时，教师可选择填空式提问，给出一些已知条件，留出一些空白让幼儿补充。

(3)鼓励支持式：幼儿对所表达的内容显得信心不足时，教师要采取鼓励式提问。

(4)随机榜样式：有时，教师可以拿自己或同班幼儿作例子，引出话题或让话题更深入。

(5)探究式提问：对一个常见的话题提出质疑，让幼儿从新的角度去讨论。比如，为什么天上会下雨，为什么桌子有四条腿……

(三)小结和延伸

1. 小结：结束时教师要用简洁明了的语言来提炼谈话的重点，帮助幼儿总结、回顾谈话中的要点。

2. 延伸：鼓励并协助幼儿将感兴趣的内容发展成为实践活动。

经验小贴士

💛 为什么会跑题？

主题谈话常常容易跑题，主要原因有以下几种：

1. 幼儿对话题不感兴趣。

2. 幼儿缺少与话题相关的生活体验。

3. 幼儿没有机会表达，使谈话的兴趣减弱。

4. 幼儿的年龄特点、思维特点所致。

💛 晨谈中多元的互动方式

为了有效开展谈话活动，教师要根据谈话过程中的实际需要，进行多元化的角色转换。

当幼儿"无所适从，无从谈起"时，教师是示范者，启发者；

当幼儿谈话出现瓶颈时，教师是分享者，引导者；

当幼儿"侃侃而谈"时，教师是倾听者，欣赏者，记录者。

教师应该有意识地以"引导者""支持者""合作者"的角色与幼儿进行互动，引导幼儿成为谈话活动的主角。同时，教师可以适当运用各种辅助材料（多媒体视听材料、实物展示、图片展示等）和多种提问方式(问答式、儿歌式、故事式、讲述式、情境体验式等)开展晨间谈话,促进师幼之间、幼儿之间、幼儿与材料之间的多元互动。

💛 营造宽松自由的晨谈氛围

良好的氛围是谈话活动顺利进行的基本前提,教师可以把握以下要点来营造宽松自由的谈话氛围。

1. 创造生动有趣的谈话情境。

2. 鼓励幼儿根据个人的经验和感受发表见解,不特别强调规范化语言、不轻易打断,给幼儿自由表述的机会,让幼儿畅所欲言。

3. 注重分享的过程,而不是追求得出正确答案的结果,让每个幼儿都勇于表达、乐于分享。

4. 注重形成性评价和反馈。通过使用描述性的、内容具体的、积极的反馈,帮助幼儿提升参与谈话的积极性和相关能力。

💛 巧用平行谈话法在谈话中引入新经验

平行谈话法是指教师以谈话者的身份参与谈话过程,通过谈论自己的经验给幼儿示范新经验的方法。这种方式能够为幼儿隐性示范新的谈话经验,让幼儿在谈话过程中不知不觉地沿着新的思路去说,潜移默化地运用新的谈话经验,从而使谈话水平得到提高。比如,在主题为"我喜欢的图书"的谈话活动中,教师以谈话者的身份参与谈话:"我很喜欢《蚯蚓日记》这本书,因为小蚯蚓的日记都特别有意思。它告诉我蚯蚓永远不用看牙医,因为它根本就没有牙齿;也永远不用洗澡,因为它每天都生活在泥土里。这本书实在是太有趣了,我喜欢它。"

💛 拓展话题的举例

延伸:将话题延伸到幼儿已有生活经验,如"你是怎样洗手的?"

比较:"你喜欢哪一种呢?"

迁移:"如果是你,你会怎么办呢?"

想象:"假如你是……"

评价:"哪种方法最简便、最可行?"

💛 帮助幼儿掌握谈话规则

谈话的基本规则包括:

1. 用适合角色的语言进行交谈。

2. 用轮流的方式进行交谈。

3. 用修补的方式延续交谈,包括自我修补和他人修补。

教师引导的方法主要包括:

1. 组织过程中直接告知规则。比如,"我们先听听诺诺是怎么说的,然后请大家来分享。"

2. 用平行谈话的方式做隐性示范。比如,教师作为谈话者绘声绘色地介绍一种自己喜欢的食物。

3. 用提问的方式引导幼儿。比如,"你还想继续补充说明吗?"

参考案例

教育随笔一

玩具弄坏了

深圳市第六幼儿园　叶穗梅

幼儿晨间锻炼后回到教室吃早餐，陆续进入教室围坐在一起，他们各自和同伴交谈着。教师来到幼儿当中，这时一位小朋友拿了一个弄坏的玩具大声地说："老师，我不小心将小猴子摘香蕉的玩具弄坏了，我不是故意的！"顿时，幼儿都围过来观看。

一、引起注意和观察：怎么了？

教师将玩具拿到中间，请幼儿坐下来，问："玩具哪里弄坏了？"幼儿七嘴八舌地说开了。教师把玩具稍举高，说："来，让我们仔细看看，然后举手说给大家听。"

（日常生活中常会遇到些意想不到的事情，而突发的事情特别能引起幼儿的注意，这些事件是幼儿从日常中获得学习和提高的很好契机。教师应适时加以引导，让幼儿从关注和观察开始，注意细节，了解事件的经过，把握捕捉事件中的有效信息，并鼓励幼儿在集体中通过语言表达出来。）

二、讨论和思考：为什么？

教师说："我明白，×××不是故意的。但是，小朋友们想想看，小猴子的手臂为什么会断呢？"有的幼儿说："是他把小猴子摔坏的。""我没有摔，我玩着玩着就坏了。"教师说："那你是怎样玩的呢？""我在掰它的手。"教师说："小朋友们知道这个玩具是怎样玩的吗？"很多幼儿举手："老师，是将香蕉挂在小猴子手臂的两边。"教师说："这个猴子的手臂能动吗？""不能。"教师说："咱们教室里哪些玩具的手臂可以动呢？""变形金刚、芭比娃娃、毛绒公仔……"教师说："是的，玩具和用品都有它们的使用方法，我们要按这些方法玩和使用才能不损坏。"幼儿都点点头。

（语言是思维的工具。在日常生活中引导幼儿观察周围的事物，通过相互的交流和分享，去发现问题和解决问题。这种发现和解决问题的能力对幼儿今后的生活有重要的意义。）

三、表达和拓展：可以怎么做？

教师继续问："现在，玩具坏了，你们是什么感受？"幼儿说："不开心，小猴子坏了我们就玩不了了。""我们喜欢的玩具离开我们了。"……教师反问幼儿说："有什么办法让小猴子回到我们身边呢？"幼儿纷纷举手："拿回家去把它粘好。""送它去玩具修补医院。""再买一个回来。""我们一起修修它。"……

（教师充分引导幼儿表达自己对事件的看法和想法，拓展并层层深入，从中引出正确的行为判断和价值判断，使幼儿在谈话中获益。）

♥ 教育随笔二

台风来了

——大班晨间谈话活动的引导与记录

深圳市第二幼儿园　　高燕

早晨，风和日丽，丝毫看不出昨天台风来过的痕迹，看来台风已经走远了。但停课一天的孩子们今天一回到班级就和同伴们谈论着昨天的台风，似乎台风给他们带来了很多的话题。我悄悄地留意着他们的交谈，趁着早餐的时候打印了台风信号的图片。

（生活中的特殊事件往往能引起幼儿的兴趣，是晨谈的话题来源之一。教师只要留心观察就能抓住幼儿的兴趣点，抓住分享和教育的契机。适当的准备工作对晨谈的推进有画龙点睛的作用。）

早餐过后，我和孩子们像往常一样围坐到一起，谈论"台风来了"。

"孩子们，昨天我们停课一天，你们知道是什么原因吗？"我话音刚落，孩子们刷地举起了手。

（基于幼儿生活经验的提问能激起幼儿说的欲望。对于有体验、有经验、感兴趣的问题，幼儿的反应总是比较积极的。）

"因为台风来了，荔园小学的哥哥姐姐们也停课了呢！"骏抢着说。

达人："我在路上感觉风好大，都快把我吹跑了。"

土土："我在电视上看到了台风信号，是黄色台风，爸爸说不要去幼儿园了。"

"是啊，台风分为不同的等级，用不同的颜色表示：白色、蓝色、黄色、橙色和红色。白色代表可能有台风来了，要注意；蓝色代表台风已经形成了，但是还不知道走向，更要注意了；黄色代表台风已经对着我们发动进攻了，这时候小学和幼儿园都要停课，不能去上学了；橙色表示台风已经到达了，可能很多大人都可以不用上班了；红色代表台风非常厉害，所有人都要待在家里，关闭门窗，关闭家里所有的电源，还要把阳台的所有花盆都拿下来，知道是为什么吗？"我一边展示图片，一边给孩子们讲解，孩子们被吸引了，认真地倾听着。

（给幼儿说的机会，结合幼儿的讲述适时进行经验小结和提升，适当丰富幼儿的认知经验，同时，教师的提问牵引幼儿的兴趣，顺势引导幼儿进行思考和分析，使谈话活动一环扣一环。）

"台风会把花盆吹掉下去的！会砸到下面的人的！"因因回应道。

佳彤："台风还会把阳台的衣服吹跑呢！"

远远："我家对面有一个好大的广告牌也被吹掉了。"

妞妞："我家旁边有一棵树被台风吹倒了，连树根都出来了。"

"哎呀，台风真厉害！它还有什么危害

呢?"看孩子们话匣子打开了，我连忙追问。

（适时、巧妙的接话和追问，提出一个可以把握的关键词，不但可以引导幼儿谈话的方向，还可以活跃谈话氛围、拓展幼儿的思维、激发幼儿的表达热情。追问可以使谈话更深入，也可以使谈话自然过渡到下一环节。）

城城："电视里说台风可以把房子吹倒，我看到有些地方的电线杆都倒了。"

奇瑞："台风还会把海上的轮船吹翻。人掉到海里会淹死。"

嘉舒："刮台风的时候，还会下大雨，路上全是水，车都不能开了。我爸爸就要加班了。"（嘉舒的爸爸在防洪办工作）

"有的地方大风还会把沙子吹得到处都是，就是沙尘暴。"笑笑总是显得见识广。

……

孩子们你一言我一语地谈论着。关于台风的危害他们知道得真不少，看来家长们也给孩子们传授了不少经验。

连平时很少发言的霖霖也举手说："台风来了，就不能出去玩了，到处都不能去，只能待在家里。妈妈说外面都不安全的。"

"我爷爷都不能出去买菜了，不然被风吹跑了。"最小的杜杜一句话引起了大家的一片笑声，他有点不好意思了。

我微笑着给杜杜一点鼓励，接过话："对呀，台风会带来很多危险，会给我们大家的生活带来很多不便。台风来了，连买菜都很不方便了。要是能提前知道

台风什么时候来，就可以做好准备了。你们有什么办法吗?"

（幼儿的经验和能力不同，表述水平也有一定差异。教师的一个微笑和鼓励的眼神都能让幼儿更敢说。及时的肯定能给幼儿表达的勇气和信心，对内向、胆怯的幼儿更重要。当幼儿需要时，别忘了给他们台阶，把他们接下来，同时巧妙地把谈话引入下一环节。）

"看天气预报就知道了。"悦悦说。

"报纸上也会说的。"小宇终于逮着机会说了一句。

"车上的广播也会告诉我们台风来了。"萱萱补充。

"电视上面会有台风信号的，要注意看才知道。有时候不用上课的。"土土对台风信号印象深刻。

"对，我也看到了。台风来之前，一般都会有预告的。我们要留心看天气预报和电视上的台风预警信号。如果有强烈的台风来了，要提前做好准备：买一些饮用水和食物；尽量不要外出，在家关紧门窗；如果在外面，千万不要在临时建筑物、广告牌、铁塔、大树等附近避风避雨。"孩子们认真听着。

（教师也是谈话活动的参与者，可以和幼儿一样表达自己的经验。这既是一种经验分享也是一种经验的提升和引领。）

"有些台风不太强烈，不会造成太大的影响，就像我们这里昨天刮台风，今天台风过了就可以恢复正常生活。但有

些台风特别猛，会给人们的生活造成特别大的影响（同时出示风灾场景的图片）。那些灾区的人们可能还需要大家的帮助，才能重建房子、重建学校和幼儿园，才能恢复正常的生活呢。如果是那样，你们愿意帮助他们吗？"

"愿意！"孩子们用发自心底的声音告诉我。

"哇，你们的回答很有力量。有句话说：'一方有难，八方支援。'咱们团结的力量一定比台风的力量更厉害！今天老师发现小朋友们对台风的感受和印象有很多不一样，你们可以在区域活动和餐后活动时间画一画'台风来了'，回家还可以和爸爸妈妈说说你的这些感受。"

（善于把握教育契机，和幼儿进行心灵的对话，是谈话活动追求的更高境界。鼓励幼儿用其他方式延伸活动，深化体验，也给一些没有发言的幼儿用另一种表达方式进行分享的机会。）

❤ 教育随笔三

我当升旗手——大班晨间谈话活动记录

深圳市第六幼儿园　叶穗梅

上大班后，孩子们为可以承担升旗手的责任而欢呼雀跃。我觉得这是一个很好的教育契机，希望通过孩子们争当升旗手的活动，激发他们的自信心，培养他们爱祖国的美好情感。

第二天晨谈中，我安排了谈话活动"我当升旗手"。首先，我和幼儿讨论"升旗手都做些什么事情"。因为孩子们都看见过大班的哥哥姐姐升国旗，所以对升旗手要做的事一点都不陌生。有的说："升旗手是升国旗的！"有的说："升旗手穿着漂亮的衣服，真神气！"有的说："升旗手要扛着国旗踏步向前走。"……通过谈话，孩子们都了解了升旗手的职责。

于是，我提出第二个问题请孩子们思考："怎样才能当一名升旗手呢？"孩子们把他们的看法告诉我："当升旗手要踏步踏得好。""所有的升旗手动作要一样，要不然走得乱七八糟的肯定不好看。""升旗手要听音乐展开国旗和收起国旗。""还要学会收拾自己的道具。"

接着，我鼓励孩子们："你们都喜欢当升旗手，也都知道了当旗手的要求。如果还没有达到要求的小朋友可以继续努力。你们觉得自己还需要做哪些努力呢？"孩子们有的说："我要多吃一点饭，长高一点。"有的说："我要练习踏步。""我要学唱国歌。""我们可以几个人一起练习。"我把孩子们对自己的期望记录下来，重复说给他们听。

最后，我们定出了升旗手的评选时间为每周五下午。

根据幼儿的年龄特点捕捉恰当的教育契机，在晨谈中安排中心话题，引导幼儿自由、主动地讨论，激发幼儿积极向上的愿望，并通过总结提升幼儿的已有经验，鼓励幼儿尝试自我管理，这样晨间谈话就谈"活"了。

素材选编

♥ 晨谈中关于一日生活的话题举例

	话题	准备	相关资料
入园	我是有礼貌的好宝宝	本班幼儿高高兴兴上幼儿园的图片、视频	**入园儿歌** 　太阳出来眯眯笑，小朋友们上学校。见了老师问声好，见了同伴把手招。讲文明、懂礼貌，我们都是好宝宝。
	我爱上幼儿园		
进餐	小米粒的旅行（珍惜粮食）	幻灯片或故事图片	**吃饭** 　吃饭时，坐端正，右手拿调羹，左手扶着碗。细细嚼，慢慢咽，不剩饭，不挑菜，自己吃饭真能干。 故事《爱吃水果的牛》（附后）
	我吃过的食物	图片、食物	
	我爱吃的水果	每人带自己喜欢吃的水果	
	蔬菜有营养	各种蔬菜图片、实物	
洗漱	我爱洗手	正确洗手的流程图	**漱口** 　手拿小茶杯，喝口清清水，抬起头，闭上嘴，咕噜咕噜吐出水，牙齿变得白又美。
	饭后漱口的好习惯		
做操与排队	我会排队	排队图片	**做早操** 　早上空气真正好，我们都来做早操。伸伸臂，弯弯腰，踢踢腿，蹦蹦跳，天天锻炼身体好。
	上下楼梯要注意		
睡觉	上床睡觉		**睡前要小便** 　幼儿园，静悄悄。小朋友，要睡觉。睡觉前，要小便。呼噜呼噜睡得好。
	人类为什么要睡觉？	请幼儿回家和家长一起收集相关资料	**睡午觉** 　枕头放放平，花被盖盖好。小枕头，小花被，跟我一起睡午觉，看谁先睡着。
	睡眠充足身体好		

续表

	话题	准备	相关资料
穿衣	我会自己穿衣服	正确穿衣服的图片	**穿衣歌** 小胳膊，穿袖子，穿上衣，扣扣子。小脚丫，穿裤子，穿上袜子穿鞋子。
	冬天应该穿什么？		**穿衣歌** 抓领子，盖房子。小老鼠，出洞子。吱扭吱扭上房子。

爱吃水果的牛

在一个长满各种果树的森林里，住着一只爱吃水果的牛。主人每天喂它各种好吃的水果，有苹果、香蕉、西瓜、橘子、葡萄……一天晚上，突然刮起了一阵冷风。主人着凉了，所有的邻居也都感冒了，只有爱吃水果的牛没有生病。"请喝杯苹果牛奶吧！"还有香蕉牛奶、桔子牛奶、葡萄牛奶……主人的感冒渐渐好了。邻居们吃了水果，病也好了。大家都变成爱吃水果的人了。

❤ 晨谈中关于安全教育的话题列举

	话题	准备	经验拓展
幼儿园安全	安全玩球不争抢	观看布偶表演或图片、视频	玩球的时候不能争抢，争抢会发生危险，玩其他游戏的时候呢？
	我会用剪刀	情景表演、大剪刀、长纸条	在美工活动时还有哪些工具要注意使用安全？
	外出的时候	歌曲《郊游》、集体外出的图片	结合已有外出经验、图片等让幼儿清楚怎样做是安全的，怎样做是不安全的。
公共安全	安全乘坐电动扶梯	照片、挂图	请幼儿在画好的电动扶梯图案上，分组进行游戏，巩固理解安全注意事项。
	禁止标志	常见的禁止标志4～8幅	你还在哪里见过禁止标志？ 你看到的禁止标志是什么意思？
	乱扔东西真危险	情景表演、图片	不随意在地上捡物品，不摆弄不明的物体。

话题		准备	经验拓展
家庭安全	特殊的电话号码	实物电话、情景表演	练习拨打110电话的报警方法。
	宠物不能随便摸	家中常见的宠物图片	还有哪些动物不能随便摸呢？ 我们怎样和动物友好相处？
安全自救	地震了怎么办？	关于地震的视频、幼儿园安全演习的图片	着火了，怎样才安全？
	脚扭伤了怎么办？	娃娃、毛巾，情景表演	鼻子出血了，怎么办？你是怎样做的？

♥ 晨谈中的其他话题列举

话题		准备	相关资料
节日	三八妇女节	图片、制作的手工	儿歌《好妈妈》、歌曲《我的好妈妈》
	端午节	图片、粽子、香包、艾叶	屈原的故事 端午节 　五月五，是端阳，门插艾，香满堂，吃粽子，撒白糖，高高兴兴吃得欢。
	六一国际儿童节	儿童节演出的照片、服装、视频等	庆六一 　儿童节，是六一，小朋友们真欢喜。又唱歌来又跳舞，高高兴兴庆六一。
疾病预防及身体保健	手足口病的预防	手足口病的宣传册	预防手足口病之歌 　手足口，要预防，勤洗手，勤通风，喝开水，吃熟食，晒衣被，保健康。 洗手歌 　冲水再用除菌皂，揉搓指缝不能少，手心手背和手腕，必须要搓20秒，要把泡沫都冲掉，再把龙头冲干净，毛巾擦手要做到，干净卫生人人要。
	不吃垃圾食品	图片、实物	健康饮食之歌 　小狗小狗你别叫，骨头已经落地上，你可千万不能咬。不吃落地的食物，身体健康最重要！

♥ 主题探究活动背景下的晨谈活动(以"数字王国"主题为例)

主题背景下的晨谈活动，教师一定要寻找一个幼儿真正感兴趣的，能够让他们有感而发、有话可说的话题，这样幼儿才会愿意说，并且积极地说、主动地说。下面以"数字王国"主题为例，列举几个晨间谈话的话题。

谈话活动	完成目标	活动延伸
数字在哪里	讲述自己的已有经验，初步感受数字在生活中的运用	美术活动：表征画《数字在这里》 音乐活动：仿编歌曲《数字在哪里》 社会活动：寻找幼儿园里的数字
数字帮助我	感受数字与人们生活息息相关，了解数字的重要性	美工活动：自制电话本、价格牌 角色游戏：商场购物 数学活动：认识时钟
我认识的数字	分享自己的发现，知道数字有不同的形式、名称和意义	美术活动：数字的聚会、装饰数字、数字想象画、创意手表设计 综合活动：肢体造型活动 英语活动：Numbers(数字)
车牌号码的奥秘	了解数字与车牌的关系，进一步理解数字在生活中的实际运用	社会活动：记录、统计车牌 美工活动：创意车牌设计、装饰车牌
好玩的数字游戏	分享与数字有关的玩具、游戏，激发幼儿对数字玩具、游戏的兴趣	益智游戏：扑克游戏、跳棋、玩骰子猜点子、多米诺骨牌 体育活动：跳房子、打靶(投掷)
有趣的测量工具	讲述自己知道的测量工具，了解其作用，激发幼儿对测量活动的兴趣	语言活动：故事《曹冲称象》 数学活动：自然测量 角色游戏：买水果(称重)、看病
我成长中的数字	分享自己的成长数据，了解其中数字的意义，进一步感受数字与自己是息息相关的	数学活动：测量与比较身高、体重 社会活动：我家最重要的日子 语言活动：我和数字的故事 美术活动：连环画《我长大了》

→ 集体教学

⭐ 美美（3岁）：
我喜欢听老师讲故事，
每天讲2个。

⭐ 慧慧（4岁）：
上课的时候你的眼睛一定要看着老师，
因为老师的眼睛里会有你的眼睛。

天天（5岁）：

我最喜欢跟孙老师上体育课，

体育课可以玩游戏，

可以踢球，可以比赛，

太好玩啦。

第十三章　集体教学

核心关注

一、基本描述

集体教学是指教师有目的、有计划组织的、班级所有幼儿都参加的教育活动，包括教师预设的和生成的教育活动，单独的一节"课"和围绕一个主题展开的系列活动，全班一起进行的和分小组同时进行的教育活动。①

二、对幼儿而言，在集体教学环节中可以——

☆获得循序渐进的学习机会，有利于获得相对系统的知识和经验。

☆感受集体的氛围，体验集体生活的乐趣，增强集体荣誉感，学习遵守活动规则。

☆获得与教师、同伴就同一问题开展交流互动、分享经验的机会，体验师生互动学习、同伴互动学习的乐趣，以形成积极的学习态度。

☆学习健康、语言、社会、科学、艺术五大领域的知识与经验。

☆发展读、写、算的能力，以及注意力、观察比较、分析概括等自主学习的能力。

☆逐步增强任务意识与完成任务的能力、规则意识与遵守规则的能力、独立意识与独立完成任务的能力以及人际交往适应能力，为幼小衔接做好充分的准备。

三、对教师而言，在集体教学环节中应该——

☆在活动前充分了解幼儿已有的知识经验、兴趣与需要，充分研究、分析教材。

☆提前拟订明确、适宜的教学计划，

①　李季湄，冯晓霞：《3—6岁儿童学习与发展指南》解读，北京，人民教育出版社，2013。

包括具体的学习目标、内容安排、组织形式与策略等，使之符合幼儿的年龄特点和发展水平。

☆灵活运用"基于预设，显于生成"的原则。把静态的教学设计与动态的教学过程整合衔接，根据随机出现的情况，灵活地调整预设的教学计划与教学策略，即时地生成教学内容，弹性地展开教学过程。

☆把握集体教学活动的核心教育价值，有效促进每个幼儿在原有水平上获得发展。

☆面向全体幼儿，坚持积极鼓励、启发引导的正面教育，促进幼儿主动学习。

☆在集体教学活动的特定时间段内，充分利用组织游戏以及说、弹、唱、跳等多种专业技能，尤其是师幼互动的技能，实施专业的教育教学行为，提高集体教学活动的有效性。

方法与流程

一、教学设计

(一)选材

集体教学活动借助的活动材料品质一定要好，应是充分挖掘、经过"千锤百炼"、概念准确、富有教育价值的活动材料。

(二)目标

集体教学活动的目标定位应是准确、清晰、可达成，并具有可操作性的，以便使知识和技能，过程和方法，情感、态度和价值观的三维目标有机整合。

(三)内容

集体教学活动的内容应根据教育目的、幼儿的实际水平和兴趣以及生活经验，以循序渐进为原则，有计划地选择和组织。

(四)过程

集体教学活动过程的设计应注意把握：

1. 切实可行，行之有效，能灵活地运用多样化的方法，组织活动内容，引导幼儿运用各种感官积极参与。

2. 具有开放性，能使幼儿在不同的水平上进行学习。

3. 有利于激发幼儿生成新的学习任务。

4. 注重整合，使德、智、体、美诸方面的教育内容互相渗透，有机结合。

5. 环节架构思路清晰、层次分明、详略得当、重点突出，环节衔接自然流畅、过渡无痕。

二、教学准备

(一)物质与环境准备

物质与环境准备是指教学活动需要

涉及的所有物品、空间环境和场地，需要教师在活动前充分考虑细节，最好亲自尝试与使用过，使其更合理，更适合本班幼儿和活动需要。

第一，教师组织集体教学活动时要做好充分的物质准备，操作材料等教具、学具要充足。

第二，充分利用周围环境的有利条件及资源，特别要注意从幼儿的角度，如幼儿的身高、视角、兴趣点等，为幼儿准备适宜的学习环境。

(二)经验准备

教学活动一定要建立在幼儿已有经验的基础上。活动必须具备的经验，教师应提前引导幼儿做好相关的预备。

(三)人员准备

当集体活动设计需要安排情景表演、助教配合、外请客人等时，教师应提前安排好相关人员，包括需要配合的时间、内容与形式等。

三、教学实施

(一)不同的环节组织形式

1. 层层递进式：前一个环节是后一个环节的铺垫，环节之间逐步推进，以达成一个核心的教学目标。在组织教学活动中，教师应从幼儿已有的生活经验和发展水平出发，根据幼儿的学习特点，将集体教学活动设计为几个相互联系、相互促进的环节。教师应灵活、熟练地实现从一个环节向另一个环节的过渡。运用启发性的提问引导幼儿观察、思考、探索、表现等主动学习，并注意观察幼儿的活动情况，了解幼儿的兴趣和水平，随机进行教育。

2. 并列式：每个活动环节实现同样的活动目标，环节之间相对独立。

3. 单节式：活动无分节流程，直接引入，以解决一个问题为教学目标。

4. 离散式：各个环节分别实现不同的目标，环节之间相对独立。比较适宜具有以下特点的集体教学活动：①教学出于表现价值而非发展价值；②目标定位于已有经验的联系而非新授；③活动的挑战性在于已有经验的综合性练习。离散式的活动环节比较适宜于家长开放日的教学观摩活动，在日常集体教学活动中尽可能少用离散式。

(二)组织策略

1. 有效的支架：教师要善于分解教学环节的递进层次，通过围绕当前学习主题，根据幼儿的"最近发展区"建立概念框架；将幼儿引入一定的问题情境（概念框架中的某个节点）；启发与引导幼儿独立探索，在探索过程中予以适时提示，帮助幼儿沿概念框架逐步攀升，并逐渐减少引导，放手让幼儿自己探索；引导幼儿进行小组协商、讨论与评价，共享集体思维成果，达成对活动所涉及概念的比较全面的理解，完成对所学知识的意义建构等，有效地支架幼儿的学习，提高幼儿在学习过程中的主动性和建构性。

2. 有质量的提问：教师应针对不同层次，包括个性倾向、身心发展水平等的幼儿提出假设性的、推理性的、递进性的、记忆性的、总结性的等多样性的，以及难易程度不同的问题。教师应深入了解每一个幼儿，分析其认知特点与发展需要，并对其作出正确的评估，找到共性问题与个性问题，找准集体提问与个别提问的最佳切入点，因材施教，使每个幼儿都能得到最大限度的发展。

（1）假设式提问是指教师抛出问题，引导幼儿进行假设推断和思考的一种提问方式，这种提问往往以"假如……""如果……"等句式展开。通过假设式提问，教师可以了解幼儿的已有经验和发散性思维水平，让幼儿展开丰富的联想和想象。

（2）推理性提问是指教师提出的问题没有现成答案，幼儿需结合自己的已有经验进行推理才能回答。通过推理性提问，教师可以较好地引导幼儿主动思考和积极探究问题，避免直接告诉幼儿答案。采用推理式提问的要求是，幼儿要有足够的经验储备，教师提问的语言要清楚明确，具有逻辑性，难易适度。

（3）递进式提问是指教师根据幼儿的思考和回答，巧妙地将一连串问题层层抛出，逐步深入，将幼儿思考的内容前后联系起来，形成一个不断推进的问题链，为幼儿提供深入探究与思考机会的一种提问方式。递进式提问的实质就是对复杂问题的层层分解和简化，让幼儿由浅入深地思考问题，最后得出结论。这样既培养了幼儿勤于思考的习惯，又使幼儿掌握了解决问题的方法。

（4）记忆性提问是指教师引导幼儿回忆看过的图像，听过的儿歌、歌曲、故事等内容并进行提问。

（5）总结式提问是指教师在引导幼儿对某些问题或现象进行观察和了解之后，为了让幼儿自己进行适当概括，最后得出结论时运用的一种提问方式。总结式提问有助于锻炼幼儿的概括能力，能帮助幼儿对已有知识经验进行归纳和综合思考，并培养幼儿的口语表达能力。

3. 有效的回应：教师需要在不同教育情境中对幼儿的言语、行为做出准确判断，并进行有效的回应。主要方式和策略包括：

（1）非言语回应：教师用表情或手势等非言语的方式对幼儿做出回应。比如，当幼儿对一些问题充满兴趣，积极回答问题时，教师可用"充满期待的眼神倾听""竖起大拇指表扬""微笑点头"等肢体语言鼓励幼儿继续积极响应，以确保不打断幼儿的思路，鼓励幼儿继续认真思考。

（2）言语回应：言语回包含三种形式。

第一，重复问题或回答。在幼儿对教师的提问做出回答后，教师不一定直接说出对与错，可以采用重复问题或重复幼儿的回答来做出回应。在重复时注意对个别词句加重语气，以起到提示的作用，帮助幼儿进一步获得有价值的信息。

第二，反向提问。转变提问策略，把幼儿的回应变成另一个问题，引导幼儿逆向思考，转变原有的思路，换种方式解决问题。

第三，概括总结。教师在充分观察和了解幼儿的表现并认真听取幼儿的观点后，对这些信息进行加工整理，将概括提炼后的信息再次反馈给幼儿，帮助幼儿将零碎的经验系统化、条理化。

4. 合理安排时间：每次教育活动的时间，要根据活动的内容、活动的方式和幼儿的年龄而定，有长有短，以幼儿不过度疲劳为原则。时间可相对控制在小班幼儿 10～15 分钟，中班幼儿 20～25 分钟，大班幼儿 25～30 分钟，大班末期可适当延长 5 分钟。

5. 给幼儿自主的空间。

（1）教师以关怀、尊重的态度与幼儿交往，师幼关系平等、民主。关注幼儿在活动中的表现和反应，形成合作探究式的师幼互动、幼幼互动。

（2）灵活运用多样化的方法，引导幼儿自主运用各种感官积极参与活动过程。

（3）活动中引导幼儿积极主动地与人交往、动手操作、自主探究，实际接触教学环境中的人、事、物。

6. 经验的迁移：教学不局限于教材，善于举一反三，引导幼儿平移解决相似问题，或迁移原有经验与旧知解决新的问题，并在此过程中感悟出新的内容，重新建构新的经验。

7. 常规的建立：建立良好的集体教学活动常规，如让幼儿保持良好的姿势、轮流发言、安静认真地倾听等。

四、教学延伸

（一）不同情境中的巩固与应用

注重通过延伸活动巩固教育效果，将延伸活动作为教育过程中一个必不可少的组成部分。幼儿的发展不是仅仅通过一次专门的教育活动就能达到目的，而是一个长期的、连续不断的过程。教师可创设不同的情境，引导幼儿在不同的情境中不断地巩固与强化目标。

（二）经验的迁移与深入探究

在通过集体教学活动帮助幼儿获得了相关经验并激发了探究欲望后，将活动延伸与区域活动相结合，给幼儿充分的时间去探究、发现、享受探索过程。教师可以针对每一个幼儿在活动中提出的问题做出诠释，适时地引导幼儿多看、多想、多说、多做，从而使每一个幼儿都能从操作中发现与找到乐趣，在探究活动中不断提高认识。

经验小贴士

💛 材料准备以方便简洁为宜

集体教学活动的准备不要过于复杂，准备好的材料要尽量多的物尽其用。比如，可拆装的头饰，带子母贴的皮筋可随意更换角色、调整大小；过塑的角色卡片可摆拼到背景图上、贴在故事围裙上等，可在任意学科教学中使用。这样既方便了使用，又增强了集体教学活动的可操作性与易推广性。

💛 提问的策略

为了达成教学目标，教师必须精心预设相关的提问，以引导幼儿关注活动内容，引发幼儿讨论问题，从而促使幼儿通过交流、碰撞、分享、内化而达到经验的建构、迁移和运用。

第一，要准确把握目标指向，围绕目标的有效达成预设提问，对一些具有启发、转折、深入等作用的问题要精心设计，充分考虑。

第二，要认真分析幼儿的年龄特点和经验现状，所提问题必须是该年龄段幼儿能理解、能思考的，并能进行表达表现的问题；有一定难度和深度的问题

可以用几个提示性的小问题组成问题链，以递进的方式呈现。

总之，提问不仅要依据当前教学活动的目标，还要正确判断幼儿思维过程中的认知水平，把握他们的所思所想，及时有效地回应幼儿，并考虑到幼儿的后续发展。适时、适当的提问有利于师幼、幼幼、幼儿与材料之间的互动，以有效地实现目标。

💛 注意回应方式

在集体教学活动中，教师的回应方式直接影响幼儿的学习热情和探究欲望。教师应善于创设问题情境，对幼儿的回答做出及时、适宜的回应。不要因为怕幼儿遭遇挫折和失败而急于指导或质疑，而应引导幼儿独立思考和解决问题。在实践中，许多教师的回应往往局限在正误判断。一听到幼儿的错误答案就会向其他幼儿发问："谁来纠正他？""谁来帮助他？"这种"回应"实质是为了"寻找正确答案"，而不是关注幼儿的思维过程。事实上，许多看似错误的答案中包含着合理的因素。教师的简单回应不仅可能遮蔽合理之处，还可能压抑幼儿思考的积极性。同样道理，许多看似正确的答案如果不加以追问，既可能掩盖其中的某些错误，还可能让幼儿产生机械思维和迎合心理，使幼儿失去探究的兴趣，只停留于表面的"知道"。但如果教师使用以下回应方式，如"为什么会这样？""你是怎么想

的?""还有别的解释吗?"等追问,或澄清、重复幼儿的回答,就能更有效地梳理幼儿凌乱的回答,使问题清晰起来,使幼儿的思维更有条理,并形成追根究底的意识。

💛 关注幼儿的需要

在同样的集体教学活动中,幼儿表现出来的个体差异是明显的和突出的。幼儿在认知、情感、行为、性格等方面,有着千差万别的外显。教师应敏锐准确地捕捉到这些不同点,及时给予幼儿适宜的启发、鼓励、点拨和拓展,使全体幼儿都能在集体教学活动中获得属于他们自己有益的经验。而这往往是教师在教学中最不容易做到的一点,因为这需要教师不仅要熟练把握幼儿的年龄特点、身心发育与学习的普遍规律,又要非常熟悉每个幼儿的学习能力、性格特点,还要准确掌握和灵活运用各种科学指导介入的教育方法。只有这样,我们的集体教学才能满足每一位幼儿所特有的需要。比如,活动的设计要考虑到不同发展水平幼儿的需要,可提供不同难度层次的操作学具供幼儿自主选择使用;给幼儿"定制"难易程度不同的问题,并针对幼儿的不同特点采取不同的提问策略;对已经熟练掌握学习内容的幼儿,可给予更具有挑战性的任务,对遇到困难的幼儿,则给予必要的帮助。

💛 实现游戏与集体教学的优化组合

从形式上来看,游戏与集体教学的结合大致可以分为插入式和整合式两种类型。

第一种是插入式组合。教师可以灵活应用,在集体教学中插入游戏,或在游戏中插入集体教学。游戏可以是教学活动的先导,幼儿在游戏中获得的经验,通过教学加以理性化;游戏也可以是教学的后继活动,幼儿在教学中习得的知识和技能在游戏中得以运用。游戏时,教师在观察和理解幼儿的基础上,插入有益于幼儿学习和发展的教学和指导。运用插入式结合的原则是既要有益于提高教学的有效性,又要避免干扰幼儿自发、自主的游戏活动;在一种活动中插入另一种活动时,应自然而不要生硬。

第二种是整合式。这是实现游戏与集体教学优化组合的一种高级形式,它使两种性质不同的活动有机地融合成一体。这种结合方式操作难度较大,需要教师善于把握幼儿的所思和所感,灵活处理教育过程中所发生的教师计划与幼儿兴趣、需要之间的关系。

💛 灵活摆放幼儿的座位

根据不同的活动需要设计相应的座位摆放,尽量减少活动中的移动和相互干扰,同时座位的摆放还要考虑是否有利于幼儿之间的学习与互动,是否适合活动内容和人数。图13-1、图13-2、图13-3示范了三种不同的座位摆放方法。怎样才能使座位摆放合理，需要教师经常在实践中演练、观察并反思、总结相关的经验。

活动组织的安全性、方便性也是座位摆放需要考虑的细节。

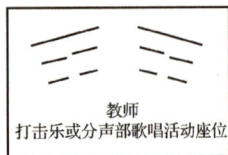

图13-1　方便分小组的座位安排

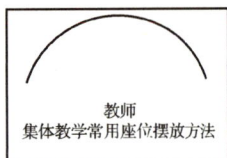

图13-2　常见座位安排

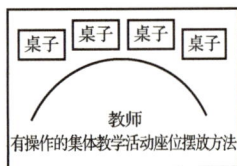

图13-3　方便开展操作活动的座位安排

❤ 良好的活动常规的培养

良好的集体教学活动常规是活动顺利进行的有力保障。但良好的常规不是被"训练"出来的，而是应该建立在良好的师幼感情基础上，通过日常的游戏引导和一致性

要求，逐步建立起稳定的集体教学活动常规。利用儿歌、游戏等方式引导幼儿逐渐了解与适应集体教学活动的常规是一种行之有效的手段，如用儿歌《学好样》引导幼儿建立良好的坐、立、行走习惯；用歌曲《唱歌比赛》引导幼儿学习用小猫的声音说话"不大也不小"；用《传声筒》游戏让幼儿学会等待、倾听和轮候。

❤ 教学资源的有效利用

通过集体备课、"一课多研"等方式提高教师集体活动的组织能力，并将经过集体智慧碰撞、实施和改进的优秀活动方案保存在可共享的资源库中，同时将各种优质的主题方案、各领域教学案例、音像与图片资料、教学应用软件等教学资源存入其中，创设便捷的资料查询系统，使之便于教师使用，实现资源共享效益最大化。

参考案例

❤ 教学设计

大班综合活动"低碳生活，从我做起"

🕊 设计意图

低碳(low-carbon)是指减少二氧化碳

的排放。低碳生活是提倡大家从自己的生活习惯做起，控制或者注意个人的二氧化碳排放量，让全球二氧化碳的排放量降下来。全国政协委员李铀呼吁大家一起来过"低碳生活"。他说：要向全体人民系统地介绍低碳生活的实践方式，让这个看起来高深的概念转化为人们熟悉的生活方式。特别要将低碳生活教育纳入基础教育课程，从小培养孩子们的社会责任心，给节俭赋予更新鲜、更可持续的时代内涵，保护地球家园、为人类未来造福。

幼儿接受新鲜事物快，可塑性强，处于生活习惯的形成与培养期，因此，在幼儿时期加强低碳教育显得尤为重要。开展低碳教育，让幼儿直接观察与体会，懂得保护环境的重要性，引导幼儿养成节能减排的良好习惯，对幼儿、对社会都有非常重要的意义。

可是，要怎样运用简洁、形象的方式，让幼儿园的孩子理解什么是"二氧化碳"这个看不见、摸不着的气体，什么是"低碳生活"这种行为方式呢？直到教师们发现了"生态中国"这则公益广告。它在短短32秒的时间里，形象、清楚地告诉了我们什么是"二氧化碳"以及"二氧化碳的危害"。于是，围绕着"广告"这个孩子们耳熟能详，又让他们觉得十分有趣的话题，教师和孩子们的这次探索活动开始了……

🕊 **活动目标**

认知目标：梳理与拓展低碳生活常识。

情感目标：形成实践低碳生活的情感与态度倾向，愿意尝试低碳生活。

🕊 **活动准备**

黑板、磁铁12块、轻音乐、调查表及调查时所需的笔、彩色笔、12个小篮子、3张桌子、24把小椅子、一首诗歌、手帕12条。

关于低碳生活的广告视频与幻灯片。

🕊 **活动过程**

(一)开始部分

1. 引发兴趣，了解什么是"二氧化碳"。

师：小朋友，你们都看过广告吗？你们看过哪些广告？

师：刚才你们说的那些广告，很多都是为了卖出自己的商品，因此它们可以统称为"商业广告"。今天我带来了一个广告，它跟这些商业广告不一样，你们想看吗？请你们仔细看看这个广告，看它讲的是什么？（播放"生态中国公益广告之黑气球篇"）

师：这些黑气球是什么？它们是从哪里跑出来的？

师：二氧化碳排放过多会造成什么后果？广告里是怎么说的？

师：二氧化碳排放过多，会使全球气候变暖、环境恶化，影响我们每一个人的生存。

2. 感知生活。

师：怎样才能减少排放出的二氧化碳呢？

师：树是怎样对付二氧化碳的呢？

师：对，树可以吸收一部分我们排出的二氧化碳，可是树能吸收掉所有的二氧化碳吗？

师：怎样才能让广告中讲到的二氧化碳排放量少一点？你们有什么好办法吗？

请幼儿自由讲述。

师：小朋友们讲得真好！这种在生活中尽量减低二氧化碳排放的行为，就叫作"低碳生活"。

（二）基本部分

1. 记录调查表。

师：我们身边的人是否能做到低碳生活呢？请小朋友们去调查一下今天来到现场的大人，请他们根据自己的情况真实地回答调查表上的问题，完成一份调查表。能做到就在格子中画"√"，没有做到就画"×"。

（请幼儿去找大人进行调查，时间不宜过长，3～4分钟即可）

2. 统计调查表。

师：先来统计一下第一项。有几个小朋友的第一项上画的是"√"？请举起手来。（以此类推，统计完5项）

师：全部统计完成，请看调查结果中最高的是多少分？

师：最低的是多少分？这点我们一定要注意改进啊！

师：你们看，许多低碳生活的方式，我们或者还不了解，不知道该怎么做，或者虽然知道了，但是还没有做到。而低碳生活光说不做是没有用的，因此我们不仅要多了解低碳生活的知识，更重要的是要行动起来，在生活中真真正正地去做。小朋友们，你们有信心吗？

3. 丰富经验。

师：除了统计过的，你们还知道哪些低碳生活的方法？

（幼儿自由讲述）

师：我这里还有一些关于低碳生活的广告，一起来看看大屏幕吧。（播放幻灯片）

师：这就是"低碳生活"。地球需要我们共同来爱护。平时我们多留意，珍惜资源，就可以减少许多二氧化碳的排放。

4. 设计公益广告。

师：如果请你来设计，你想做一份什么样的"低碳生活"公益广告呢？

师：你有什么好的想法，就把它画成一幅画，还要想一句简单的语言作为你的广告词，等会儿讲给大家听。

师：你的这份公益广告想告诉大家什么？

（请幼儿讲述自己设计的广告与广告词，并贴在黑板上展览）

（三）结束部分

（总结与提升经验）

师：我还带来了一首关于"低碳生活"的诗歌，你们想听吗？

（教师朗读一遍诗歌）

师：记熟这首诗歌，能让我们时刻牢记"低碳生活"的好方法，在生活中努力去做到它。还可以向我们身边的朋友、大人宣传"低碳生活"的这些好方法。这次活动后，老师再来教你们学会这首诗歌，好吗？

（四）延伸活动

师：小朋友们，请拿回自己的低碳广告，和同伴、家长一起分享，去了解更多的低碳生活方法，设计成宣传广告。

师：小朋友们回家请父母为自己准备一条小手帕，日常生活中用来擦汗、擦眼泪、擦手，也可以擦鼻涕，脏了洗干净、晾干就又可以继续使用了。从我做起，少用纸巾。

附：低碳生活，从我做起

我们相信：一条公益广告就好像是一盏灯，

灯光亮一些，我们身边的黑暗就会少一些；

我们更相信：每个人的心灵就像一扇窗户，

窗户打开，光亮就会进来；

我们每个人迈出一小步，就会使社会迈出一大步。

让我们保护环境爱家园，低碳生活从我做起：

珍惜水，节约电，节约能源要牢记。

少开车，爱公交，绿色出行最时尚。

携水杯，用布袋，塑料制品要少用。

省纸张，集废品，循环使用好处多。

惜粮食，多植树，扮靓家园地球村。

小伙伴，同努力，低碳生活大家创。

💛 **教学分析**

大班综合活动
"低碳生活，从我做起"案例分析

第一，选择高品质的活动材料。

集体教学活动借助的活动材料的品质一定要好。几乎每个集体教学活动都要运用活动材料，而这些活动材料要有较高的品质，一般要选取那些经过"千锤百炼"的、概念准确、富有教育价值的活动材料，切忌片面求新求异，心血来潮、信手拈来。如果选用的活动材料不好，一个集体教学活动就已经不可能是一个好的教学活动了。

以大班综合活动"低碳生活，从我做起"为例，首先要考虑的是活动材料的品质。"低碳生活"是一个现代社会高度关注的主题，幼儿在生活中常常能看到关于低碳生活的电视广告、宣传单等，对"低碳生活"有了初步的了解。选择"低碳生活"这个素材，能从小培养幼儿的社会责任感，为"勤俭节约"赋予可持续的时代内涵，具有较高的教育价值。

第二，围绕关键经验，设计活动目标。

集体教学活动中，教学目标一直处于核心位置。它既是教学设计的出发点，也是教学设计的终点；既是选择教学内容的依据，也是教学活动评价的标准。目标的设计注意符合幼儿的年龄特点，突出活动的重难点，目标要定位准确，充分体现本次活动要提升的关键经验，不能将目标订得过大或过小。比如，"低碳生活，从我做起"的原订认知目标为："了解二氧化碳对环境的危害以及在生活中减少二氧化碳排放的方法。"然而，"二氧化碳"显然是超过了幼儿的理解水平的。幼儿对此毫无经验，目标的可操作性必将大大降低。正确的做法应该是让目标聚焦在幼儿在生活中接触过的有关"低碳生活常识"的关键经验，同时，由于幼儿的这些经验是零散的、不完整的，因此，"低碳生活，从我做起"的目标重点不在于增加多少全新的知识内容，而在于帮助幼儿梳理日常生活中获得的经验，提升与拓展已有经验。因此，将原订认知目标调整为："梳理与拓展低碳生活常识"，使目标抓住了核心，定位更加准确。

第三，恰当选择活动内容。

如果说"目标"是教学活动的灵魂，那么"内容"似乎可以比作教学活动的心脏。在幼儿园一日活动中，集体教学活动只占极少的时间，所承载的内容也有限，因此，要让集体教学活动在单位时间内发挥最优的效果。精选教学内容是关键，教师应该根据活动目标选择适合幼儿的活动内容。比如，"低碳生活，从我做起"的课题大、内容多，其中一些概念比较抽象，要使教学内容便于幼儿理解和接受，必须从与幼儿自身相关的日常生活入手，恰当地选择活动内容。比如，幼儿在生活中接触过的"少用一次性用品""纸张双面使用""绿色出行""垃圾分类""一水多用""节约用电"等，并适当拓展，增加一些对幼儿来说比较新颖的"不吃口香糖""节约粮食""少买一件新玩具""少买一件新衣服"等内容。围绕这些重点内容展开集体教学活动，引导幼儿有目的地观察与讨论，使原本零散的、基本的经验在集体教学活动中得以梳理，并使之清晰化、条理化、系统化、概括化。

第四，巧妙组织活动过程。

层层递进的活动环节：活动环节的设计应切实可行、行之有效，整合各类型的教育活动，使之融合为一体，发挥更大的教育功能。大班综合活动"低碳生活，从我做起"活动过程的设计，整合了社会、科学、美术、语言等领域的活动内容；由幼儿常见的"生态中国"公益广告引入；请幼儿做小记者填写调查表，感知发生在自己身边真实的低碳生活行为；出示经过教师精心选择的大量的"低碳生活"的广告课件，进一步帮助幼儿丰富低碳生活常识，使幼儿切身体会到低碳生活离自己并不遥远；引导幼儿自行设计关于低碳生活的广告；鼓励幼儿用完整的语句讲述自己设计的广告词；请幼儿欣赏与"低碳生活"有关的诗歌，活动过程层层递进，灵活地运用到了多样化的方法，使幼儿从"认知的建立"，再到"情感态度的培养"，最后落实到"自身的行动"环环相扣的活动中积极参与，运用多种感官看、听、说、画等，了解与拓展低碳生活常识，形成了"实践低碳生活"的情感态度倾向。

有质量的提问环节：大班综合活动"低碳生活，从我做起"中蕴含着许多精炼的提问。有记忆性提问，比如，在"开始部分"的"引发兴趣"环节，教师提问："请你们仔细看看这个广告，看它讲的是什么？"引导幼儿有意识地记忆广告内容；有递进式提问，比如，在"开始部分"的"感知生活"环节，教师提问："怎样才能减少排放出的二氧化碳呢？""树是怎样对付二氧化碳的呢？""树可以吸收一部分我们排出的二氧化碳，可是树能吸收掉所有的二氧化碳吗？"怎样才能让广告中讲到的二氧化碳排放量少一点？你们有什么好办法吗？"巧妙地将一连串问题层层抛出，并根据幼儿的思考和回答，逐步深入，对复杂的问题层层分解和简化，引导幼儿由浅入深地思考问题，为幼儿提供了深入探究与思考的机会；有假设式提问，比如，在"基本部分"的"设计公益广告"环节，教师提问："如果请你来设计，你想做一份什么样的'低碳生活'

公益广告呢？"抛出问题，了解幼儿的已有经验和发散性思维水平，激发幼儿展开丰富的联想和想象；还有总结式提问："你的这份公益广告想告诉大家什么？"引导幼儿对已有知识经验进行归纳和综合思考，概括并用语言表达出来。

机智的回应环节：在活动过程中，当看到"少用纸巾，多用手帕"的幻灯片时，有的幼儿突然发问："老师，什么是手帕？"这时，教师及时取出预先准备好的手帕，说："你们看，这就是手帕。"并让幼儿看一看，摸一摸，解开了幼儿的疑惑。原来，有的幼儿在日常生活中很少用到手帕，还不知道"手帕"是什么呢！这就需要教师预先了解幼儿的已有经验，做好充分的准备。如果教师的准备不足，就可能出现措手不及，接不住幼儿"抛来的球"的现象。

第五，余味无穷的延伸活动。

如何通过延伸活动对活动内容进行拓展，激发幼儿形成新的学习目标呢？在"低碳生活，从我做起"的活动中，延伸活动设计为：①拿自己绘制的低碳广告，和同伴、家人一起分享，并继续设计宣传"低碳生活"的广告，让更多的人了解更多的低碳生活方法。②回家请父母为自己准备小手帕，日常生活中脏了洗干净，晾干之后继续使用。以此提示自己及周围的人们，时刻从自身做起，养成低碳生活的好习惯。这样的延伸活动设计，为幼儿创设了"实践低碳生活"

的生活情境，进一步巩固了教育效果，引导幼儿继续强化"低碳生活，从我做起"的健康生活方式。

❤ 教学小故事

我被锁住了

小班上学期第六周，集体活动进行中，大家都围着圆圈坐着，3岁半的小光小朋友一个人在圈外爬着。开学已经一个多月了，他虽然喜欢参与活动，但仍不愿坐在小朋友中间。通过一段时间的观察，教师了解到，敏感的小光怕别人碰到他，这样会令他浑身不舒服，尤其是还不太熟悉及不太被他认可的人。于是，助教老师走了过去，发生了下面一段对话。

师："小光坐过来听故事呀。"

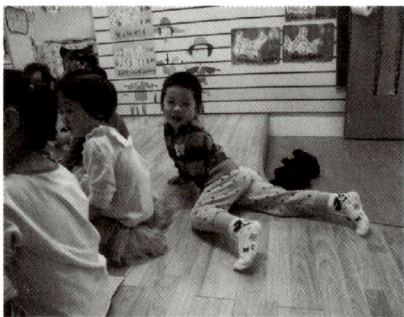

图13-4　小光在圈外爬着

幼："啊呀，我的腿被锁住了，动不了了。"他边说边笑着拖着一条腿继续向前蹭。

师："我有钥匙，我帮你打开吧。"教师在他腿上做了个开锁的动作。

幼："还是不行呀，这是密码锁，谁都打不开。"

师："那我在你身边保护你好吗？"

小光笑了，还点了点头。后来的活动中，教师发现他的位置越来越近，几乎到了圆圈的线上。加油，小光！我期待你的信任，也等待你的适应！

❤ 教学语言运用

一些有代表性的提问：

观察——你在这儿注意到什么了？

回忆——你以前在动物园看到了什么？

差异——他们有什么不同？

相似性——这些相同点在哪里？

排序——你能将这些颜色按由浅到深的顺序排列吗？

分类——哪些能放在一起呢？为什么？

概念测试——这个立方体是蓝色的，但是它能归入蓝色吗？

原因——为什么你认为会发生那种事情？

结果——如果……会发生什么？

共情——你认为她是怎么想的？

归纳——水在冰柜里通常会发生什么情况？

询问——你会问她什么呢？

期望——你认为会发生什么？

选择——你喜欢哪个？

➜ 小组学习

⭐ 子丹（3岁半）：

小组活动就是看哪个组吃饭吃得快，
比赛得第一名。

⭐ 琳琳林（4岁）：

小组活动就是老师会告诉你苹果组去画画，
香蕉组去做沙拉，然后交换。

蛋蛋（5岁）：
比如说，区域活动的时候你可以邀请
你们小组的人一起去搭立体停车场，
这个就是小组活动。

晓晓（5岁）：
老师会问："你们小组是怎么分工的啊？"
如果你是小组长，你就要告诉老师。

第十四章　小组学习

核心关注

一、基本描述

小组学习作为团体学习和个别学习的一种中间形式，是指由教师设计、发起的，包括对幼儿发起活动的拓展，幼儿基于一定的任务和目标，在教师分配或自由组建的小组中产生的合作性学习活动。

二、对幼儿而言，在小组学习环节中可以——

☆获得小组式互助合作的学习机会，有利于拓展幼儿的视野，使其体验集体创造的成就感与快乐，提升分享合作的意识与能力。

☆获得与小组成员充分交流想法、交换观点的机会，有利于幼儿更好地理解自己与他人，形成良好的自我意识。

☆获得在具体情境中探索解决问题、完成任务的机会，在实践与思考创造的过程中建构知识、习得技能，逐步形成一定的情感与态度。

三、对教师而言，在小组教学环节中应该——

☆协助幼儿创建适宜的活动小组，以便小组成员之间能够充分地合作互补与交流学习。

☆创设具体的问题情境，引发幼儿主动探究的愿望与兴趣。

☆多种方式有效支持幼儿的分工合作。

☆提供适宜的学习材料，鼓励幼儿相对独立地开展探索实践。

☆鼓励幼儿透过多种方式和大家分享学习的过程或结果。

方法与流程

一、活动前的准备

(一)选择活动内容

第一，小组学习活动的内容应根据教育目的，以及幼儿的实际水平、兴趣、生活经验，依据循序渐进的原则，有计划地组织和选择。第二，所选的素材或任务应具有较好的实操性和开放性，以便为幼儿提供充分实践探索与分工合作的机会。

(二)预设活动目标

计划小组学习活动的时候通常要预设两个方面的目标内容。第一，幼儿在具体情境中通过探索实践和思考创造这一过程所获得的知识建构、技能习得、情感与态度的形成。第二，在合作学习过程中所获得的知识建构、技能习得、情感与态度的形成。

(三)计划活动过程

小组学习活动的过程通常包括创建活动小组、创设问题情境引发活动目标、小组成员分工、独立的探索实践、合作交流等几个环节。

(四)预备好环境与材料

根据活动内容及小组人数选择适宜的活动场地，如教室里的某个活动区角。在预备教具、学具的同时，一并考虑到充足的数量、教具的展示方式、学具摆放及使用所需的空间。

二、活动过程的组织

(一)创建适宜的活动小组

小组的创建可以是教师引导安排的，也可以是幼儿自主选择的。

第一，教师分配或引导形成的小组人数以6～10人为佳，并且尽量进行异质分组，以便小组成员之间能够充分的合作互补与交流学习。

第二，幼儿自主形成的小组人数较少，通常以2～4人较为常见。

(二)创设问题情境引发活动目标

通过提供具体、可操作的学习材料，创设问题情境，引发幼儿主动探究的愿望与兴趣，并且进一步明确小组合作的任务目标。

(三)对小组成员进行分工

通过协商，在明确任务目标的基础

上对小组成员进行分工：对于年龄较小的幼儿，可以由教师协助将任务进行分解，并引导幼儿自行选择；对于年龄稍大的幼儿，可以协助他们自行协商开展分工合作，并且支持他们在小组中产生组织者/领导者。

(四)开展独立或小组的探索实践

可以是一个幼儿带着自己的任务进行相对独立的探索实践，也可以是两个或两个以上的幼儿通过合作的方式共同探索实践。教师注意观察并提供适宜的协助，同时鼓励幼儿运用语言、动作、绘画、符号等方式表达或记录探索学习的过程或结果。

(五)创造合作交流的机会

鼓励幼儿透过实操演示、语言描述、作品/记录展示等多元方式和大家分享学习的过程或结果，通过有效的提问帮助幼儿回顾和提升学习经验，促进同伴间的相互交流与学习，注重引导幼儿发现新的兴趣点、协助产生新的学习任务。

三、活动后的整理

活动结束后，教师对材料的收拾、整理提出要求，协助幼儿收拾、整理材料和活动场地。

经验小贴士

💛 **小组学习活动中幼儿的主要学习途径**

同伴互助学习，指通过地位平等的同伴之间积极主动地相互影响和帮助达成的互助、互学。

同伴合作学习，指幼儿透过沟通交流意识到他人的意愿和想法后，通过自我协调、相互配合，共同学习。

个别探究学习，指幼儿带着自己的任务进行相对独立的探索实践，从中获得学习。

💛 **如何做好小组学习活动的设计**

小组学习活动是基于教师的预设而发起的，因此好的设计是有效开展学习活动的重要因素。如何做好小组学习的设计需要把握以下几个基本原则。

第一，目标性。小组学习的设计要有具体、明确、可操作及可评价的学习目标，这样活动过程中教师的组织和引导才能做到有的放矢。

第二，情境性。小组学习需要有具体的任务或者问题情境，以便幼儿围绕任务或问题情境开展合作与学习。

第三，开放性。具有开放性的活动设计才能让不同特点、能力水平的幼儿产生良好的合作，并且都得到适宜的学习机会。

如何进行异质分组

小组的创建既可以是教师引导安排的，也可以是幼儿自主选择的，但通常都采用异质分组的方式，以便小组成员之间能够充分的合作互补与交流学习。采用异质分组方式时通常会考量以下几个方面。

第一，性格气质。心理学认为，气质无好坏之分，每个人的气质都有其积极的一面，也有其消极的一面。正是性格气质的差异，为幼儿之间的良好合作创造了广阔的空间。

第二，能力水平。每个幼儿都有自己的"最近发展区"，高水平幼儿可能成为低水平幼儿"最近发展区"的支持者，而支持低水平幼儿的过程中高水平幼儿也可以得到锻炼和提升。需要注意的是，如果小组成员在理解问题和解决问题的能力上差异很大，合作也不容易产生。

第三，性别和年龄。

了解幼儿合作的倾向

幼儿在小组学习活动中通常有四种较明显的合作倾向：一是合作型，即愿意与其他幼儿合作，在合作中能成为学习过程的积极参与者。二是个体型，尽管与同伴在一个小组，但不太会合作，游离于活动之外。三是支配型，合作的前提是同伴必须听自己的，否则不合作。四是被支配型，完全服从他人，在合作中处于被动的地位。在同伴合作中，如果一个幼儿过分地具有支配性，而另一个幼儿过分地被动，完全是无条件地服从，那么合作效果也会大打折扣。[1]

培养活动领导者

小组学习活动中可能会自然产生出活动领导者，但更多的时候需要教师有意识地培养。领导者的任务通常包括组织讨论、协调大家的分工、引领大家进入活动、管理材料等。担任活动领导者的经验能使幼儿感觉到自己在团体中是有价值的、被需要的，从而激发良好的自尊与自信。教师可以鼓励幼儿自发报名担任活动的领导者，也可以按照一定的规则让幼儿轮流担任。

幼儿操作活动中的指导

1. 对于专注于操作活动的幼儿，观察是最适宜的"指导"。

---

[1] 张明红：幼儿园课程中的小组学习活动与同伴合作，载《幼儿教育（教育科学版）》，2006年第4期。

2. 当幼儿遇到困难时，首先用眼神、肢体语言等鼓励幼儿继续探究、自己解决问题。

3. 对于反复尝试出现失败、又希望得到帮助的幼儿，协助他们发现问题的关键，鼓励他们循着新的发现自己解决问题。

4. 对使用工具有困难等还不能独立操作的幼儿，示范正确的方法，鼓励他们继续尝试。

5. 对于快速完成自己任务的幼儿，可以给他们提出新的挑战、鼓励其继续探究，亦或鼓励他们去观察小组其他成员的操作，或者协助有需要帮助的同伴。

6. 对于因合作不顺畅而产生矛盾的幼儿，首先观察并充分信任幼儿可以自己协调解决；如果矛盾升级或有必要介入的时候，教师可以在充分了解情况、同理幼儿情绪的基础上协助幼儿学习合作、解决矛盾。

💛 通过合作性的语言促进幼儿的交流合作

邀请——我们一起做实验吧！

询问——你需要我帮助吗？

请求帮助——你能帮我到美工区拿一张纸来吗？

征求意见——我想……可以吗？

民主决策——同意……的请举手！

💛 强化幼儿合作的情感体验

如果幼儿在与同伴交往、合作的过程中体会到合作的价值，得到愉悦的情绪体验，就会继续产生交往、合作的内驱力，逐步形成积极的合作态度。因此，正向的、愉悦的情感体验对于巩固、强化幼儿的合作行为是极为重要的。教师可以通过一些策略让这种合作的情感体验得以强化。

1. 成果展示交流：让幼儿一起欣赏合作的成果。比如，合作绘画的大海报、合作制作的模型、合作搭建的主题公园、合作完成的小实验等。请参与合作的成员讲一讲是怎样分工合作的、怎样完成的，以及过程中的有趣回忆。

2. 积极而具体的评价与反馈：教师发现幼儿能与同伴一同友好配合地玩耍，或协商，或询问，或建议，或共享，或帮助，或求助时，要及时给予积极而具体的反馈。积极的反馈，意味着即使幼儿的行为结果没能达成预期的目标，教师依然要朝肯定、积极的方向引导，要看到其中积极的因素，尤其是过程中幼儿的努力。具体的反馈，则能表达出对幼儿努力过程或学习方法的关注，能够更加有效地激励幼儿并指明努力的方向。

💛 鼓励幼儿互相评价

1. 鼓励幼儿运用语言表达对同伴的欣赏和赞美。比如，"你做得真好！我很喜欢！""×××刚才介绍得很有趣，我觉得很好笑！"……

2. 启发幼儿运用表情及肢体动作表达对同伴的鼓励和肯定，如微笑、点头、竖起大拇指、拥抱……

3. 引导幼儿用多种方式表达对同伴的感谢。比如，"谢谢×××帮助我解决了困难！""谢谢×××帮我们发现了一种新材料！下次我们还一起合作好吗？"

4. 引导幼儿发表意见、参与评价和讨论。比如，"哪些小朋友和他的方法一样？""还有什么不一样的方法？""你更喜欢谁的方法？为什么？"等，启发幼儿参与讨论、综合比较，互相理解、互相学习和欣赏。

♥ 确保每位幼儿都能参加小组学习活动

在很多课程安排中，小组学习活动常常是利用区域活动的时间开展的，即同一时间有的幼儿在参加小组学习，有的幼儿在进行区域的自由游戏。教师可以通过这样一些策略帮助幼儿自主制定学习计划，并且确保每位幼儿都有机会参加小组学习活动。

第一，年龄较小的幼儿可能还不具备主动参加小组学习活动的意识，教师在活动前可指定参加小组活动的幼儿，同时自制一份小组学习活动名表，对参加过活动的幼儿做好记录，并继续邀请未参加的幼儿进行活动。

第二，年龄较大的中班、大班幼儿可鼓励他们自己计划参加小组教学活动

的时间，并在活动结束后，用文字或图示的方式记录及展示完成的任务，伙伴间也可互相邀请参加小组学习活动。

参考案例

♥ 教学设计

体态韵律《美丽之门》——大班音乐活动

🕊 设计意图

设计灵感——一次玩呼啦圈的户外活动，几对幼儿相互套来套去，并想尽办法用各种方式从圈中逃走，互动中幼儿的快乐和投入及无意识的空间造型，给予了我很大的视觉冲击。这让我意识到，生活当中的一些状态可以用艺术的方式表现出来。于是，我决定以呼啦圈游戏为素材，设计一节体态韵律课，引导幼儿"用艺术再现生活"。

价值思考——用呼啦圈做载体能很好地帮助幼儿感知不同的空间体位，发现身体拓展的可能性，增强体态韵律地表现能力。更重要的是透过游戏中身体的流动和"传递"这种合作方式，协助幼儿创造性地表现音乐的情绪、情感，体会身、心、灵的和谐统一。

音乐选材——体态韵律课不同于一

般的舞蹈或律动，即兴是它最大的特点。它是在听音乐的同时即兴地以身体动作来体验和表现音乐的，可以说音乐是体态律动课的灵魂，所选音乐的风格是否适合幼儿，情绪是否能感染幼儿，引起幼儿的共鸣，速度、力度是否利于幼儿用身体去表征等，都需要教师用心去斟酌。一开始我找了很多音乐，但都觉得表达的意境不够美或者是旋律的走向不够清晰流畅，不过最终还是让我找到了这首非常舒缓优美的乐曲。当我听到它的时候感觉心马上柔软了起来，整个身体都想跟随着它一起缓缓地流动。虽然我还不知道它叫什么名字，但它深深打动了我，根据这节课传达的主题我为它取了一个名字叫"永恒的爱"。我希望自己精心选择的音乐既悦耳又赏心，并透过它感染幼儿，打动幼儿，和幼儿一起体会爱与美的境界。

活动目标

1. 在感受音乐优美旋律的同时尝试用柔美、舒展的动作表达对音乐的感受。

2. 幼儿两人或三人一组，通过"美丽之门"的游戏，充分感受空间，探索身体表现的各种可能性，并尝试运用不同空间创造性地合作表现音乐，体验空间造型带来的美。（这是本节课的重点也是难点，以往的体态韵律活动都是局限在个人基础上的创造和表征，像这样需要两个人密切配合来共同完成肢体创作的活动还未涉及过，对大班幼儿来说是富有挑战的。）

3. 在结伴造型和身体的"传递"中进行感情交流，体验给予、合作的乐趣，练习肢体动作上的默契配合。

活动准备

材料准备：呼啦圈 8 个；音乐 CD《永恒的爱》；15 张小椅子呈半圆形摆放。

经验准备：幼儿有体态律动的经验。

活动过程

1. 节奏问好。

让幼儿用接龙的方式一边问好一边用身体的各个部位打出节奏，并要求每个人表现的方式都不一样。

2. 故事导入，激发兴趣，引出美丽之门。

导语：在一座城堡里有一对好朋友被巫师施了魔法变成了雕塑。他们非常向往自由，渴望能像从前一样快乐地生活游戏。我们的呼啦圈知道了他们的愿望，非常想帮助他们，摇身一变变成了一扇拥有魔力的美丽之门：嗨！你们好！我是美丽之门，你们想不想跟我一起去城堡呀？我会用什么方式去那里呢？（教师把呼啦圈立于地面后用力转动）

①幼儿跟随美丽之门的旋转速度旋转。

提问：美丽之门在旋转的时候速度有什么变化呢？（先快后慢）让我们跟随美丽之门一起来旋转吧！（幼儿会很自然地转动整个身体）

②引导幼儿用不同的方式来表现

旋转。

提问：我们除了转动整个身体，还可以让身体的哪些地方跟随美丽之门一起旋转呢？（眼睛、手指、屁股、头、肩膀……）那就让我们用自己独特的方式跟随美丽之门旋转起来，一同前往城堡吧！

③体态韵律"美丽之门"游戏，幼儿合作表现音乐。

第一步：借用呼啦圈的"美丽之门"游戏。

难点——帮助幼儿掌握游戏规则，感知不同的空间。

策略——教师直观示范；幼儿两人一组合作体验。

①教师边讲解边示范游戏规则（请助教老师协助）。

师：现在我们已经跟随着"美丽之门"来到了城堡！"美丽之门"已经迫不及待地想拯救两个好朋友了。当音乐响起，拥有美丽之门雕塑就拥有了神奇的魔力复活了，他用最舒展、最优美的动作把爱传递给他的好朋友，将他套住，就一动也不动了。而被"美丽之门"套住的雕塑却拥有了神奇的力量复活了，他要想办法用最优美的姿态从"美丽之门"里出来，再用最舒展、最优美的动作接过"美丽之门"，又将旁边的好朋友套住，并套在不一样的地方。就这样，他们你套我、我套你轮流传递着爱。

②幼儿两人一组随音乐用"美丽之门——呼啦圈"进行游戏。

重点：遵守游戏规则并运用肢体动作将乐曲感受表现出来。

第二步：用肢体变成"美丽之门"的游戏。

难点——引导幼儿充分探索肢体表现的各种可能性，创造性地合作表现音乐。

策略——通过脑力激荡的方式相互激发、共同分享；幼儿两人一组创造性地合作表现音乐；幼儿三人或四人一组创造性地合作表现音乐。

①引导幼儿探索用身体的哪些地方可以变成"美丽之门"？可以套住别人身体的哪些地方？

提问一："美丽之门"是什么形状的？（圆形的）我们怎样能用身体变出一扇"美丽之门"呢？可以用我们身体的哪些地方呢？（用脑力激荡的方式相互激发，并请个别幼儿到前面示范引领）

提问二："美丽之门"有了，那我们可以用"美丽之门"套住小伙伴身体的哪些部位呢？（头、腰、腿、耳朵、辫子……）

②幼儿两人一组随音乐用肢体变成"美丽之门"进行游戏。鼓励幼儿尽可能多地透过身体用不同的方式变成"美丽之门"，且每次套住小伙伴不同的身体部位，启发幼儿充分运用空间创造美。

重点：充分运用空间和肢体动作传达美、创造美，表现音乐的情绪情感，合作时注意肢体空间的相互配合。

③幼儿三人或四人一组，进行"美丽之门"游戏。

重点：遵守游戏规则，才能更好地创造性地表现音乐，体验空间造型的美。

④结束部分，情感升华。

师：两个好朋友总是无私地将爱传递给对方，希望对方能重获自由，这些爱聚集在一起形成了一股巨大的能量，摧毁了巫师的魔法，两个好朋友终于同时都获得了自由！

⑤活动延伸。

在此基础上引导幼儿用身体的流动表现出乐句的起始和旋律的走向，这对幼儿音乐的感知能力、肢体的控制和表现能力提出了更高的要求。

♥ 活动评析

体态韵律"美丽之门"活动评析

第一，层层深入，突破教学重点。

幼儿丰富的创造不是凭空而来的，活动在设计上能做到层层铺垫，步步深入，详见图14-1。

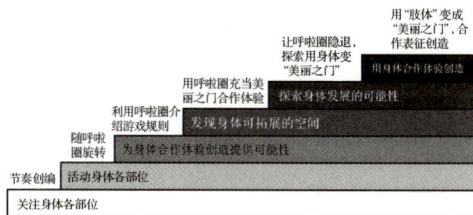

		用"肢体"变成"美丽之门",合作表征创造	用身体合作体验创造
	让呼啦圈隐退,探索用身体变"美丽之门"		探索身体发展的可能性
用呼啦圈充当美丽之门合作体验			发现身体可拓展的空间
利用呼啦圈介绍游戏规则			为身体合作体验创造提供可能性
随呼啦圈旋转			活动身体各部位
节奏创编			关注身体各部位
关注身体各部位			

图14-1 活动环节与对应的学习目标

第二，情绪渲染，打开心灵之窗。

最开始活动的设计并没有用故事贯穿始终，只是利用呼啦圈作为媒介，引导幼儿感知空间合作造型。虽然幼儿觉得很有趣，参与的积极性也很浓，但是总觉得缺乏一种生命的张力。这个素材的价值没有得到充分的挖掘，幼儿不应该是为了钻而钻，而应该钻得有意义，套得精彩，因此，如果能有一条情感的线索贯穿，也许就能鲜活起来。带着这种思考，后来教师根据音乐传递的情绪创编了这个以爱为主旋律被赋予了神秘色彩的故事，并用故事贯穿始终，让幼儿身临其境，用爱的力量去感染幼儿，帮助他们更好地理解音乐，同时通过故事引出呼啦圈，用呼啦圈作载体，帮助幼儿探索空间、理解游戏规则，以便更好地创造与合作。

第三，巧设规则，鹰架幼儿学习。

"美丽之门"的游戏规则可以说是反复推敲精心设计的，是教师鹰架幼儿学习，帮助幼儿掌握重点、突破难点的主要策略，其功能和价值主要体现在三个方面：

第一，让幼儿的创造更有规律可循。规则要求每次套住伙伴的不同部位，这样自然会运用到不同空间，肢体的造型和身体的流动都会更丰富、更多样化。

第二，为默契配合提供土壤。一个固定、一个流动适合幼儿的合作水平，且间歇的静止给予了幼儿一个思考空间，使其能从容地即兴创作。

第三，静止和流动的组合相得益彰，

使幼儿能充分感受静止的形态美和流动的韵律美，以及它们相互组合带来的"美不可言"。

💛 小组活动中支持幼儿向同伴学习的案例

小朋友们一起商量画一幅合作画，主题是"甜心宝贝和开心宝贝"。子恒刚开始画了一个图案比较单一的开心宝贝，里面没有颜色，只是线条。而安琪也在旁边画了一个甜心宝贝，里面的水彩色彩丰富、均匀。教师看到了他们之间的差距，于是对安琪说："安琪，你是怎么画的呢？"安琪："我先画了这些线条，再涂上漂亮的颜色。"这时，子恒听到了我们的对话，开始看看安琪的画，又看看自己的画。过了一会儿，子恒就

拿起笔在自己画的图像中进行了修补，学习了安琪的涂色方式。结果，他们一起画出了一幅水平相当的图画。

图14-2　幼儿在一起画画

在这个案例中，教师支持幼儿进行互相学习，这样的学习方式，他们更容易接受和理解。

区域活动

乐乐（4岁）：
区域活动就是你想去哪里就去哪里，
想干什么就干什么，
只要不大吵大闹，想干什么都可以的，
老师都不会管你的。

小瑾（4岁）：
我最喜欢进区活动，
要是可以一直玩，
不用收拾玩具就好了。

天一(5岁):

计划就是你等一会儿要干什么。

比如，在进区之前就是要先做好计划，

进区以后要按照你说的计划来搭建房子。

萱萱(女，5岁):

计划就是拿出你自己的本子写出你今天要干什么，

要是不会写字就可以画出来，

随便画什么都行，

只要是你自己想做的事情都可以画。

第十五章 区域活动

核心关注

一、基本描述

区域活动是指幼儿在教师有目的创设的具有多样性的学习环境中，根据自己的兴趣、能力与发展水平，通过与环境、材料的互动进行的个性化的游戏与学习。

二、对幼儿而言，在区域活动环节中可以——

☆依据自己的兴趣、意愿与能力等自由选择活动内容与活动方式，满足自主选择的需要，发展主动性。

☆在适宜的游戏环境中充分开展自由游戏，获得游戏体验，并提升游戏水平。

☆通过操作、摆弄、观察、讨论等多种适合自身发展的活动方式，获得经验、发展能力。

☆在与同伴和成人的互动过程中提升认知发展和社会性发展。

三、对教师而言，在区域活动环节中应该——

☆因地制宜规划合理的空间环境，并提供丰富、适宜的材料，满足幼儿多样化、自由选择、自主学习的需求。

☆依据幼儿与环境材料的互动情况，适时调整材料。

☆了解幼儿的活动意愿，尊重幼儿的自主选择。

☆注意观察幼儿的活动，了解幼儿的兴趣倾向、分析幼儿的学习与发展，并在适宜的时机选择适宜的方式协助幼儿提升活动水平。

☆逐步培养幼儿良好的自主活动常规。

☆保障幼儿有充足的游戏时间。

方法与流程

一、合理规划环境，提供丰富且适宜的材料

（一）考虑区域的种类和数量

综合考虑班级幼儿的情况（数量、年龄、学习需要等）、教室的空间条件（面积大小、结构等）、区域活动时间的长短、家具设施的情况等条件因素，因地制宜创设能为班级幼儿各领域发展提供均衡学习机会的区域环境。一般常设的区域有美工区、语言区、操作区、建构区、角色区、表演区、沙水区等，也可以依据课程主题的需要及幼儿的兴趣发展创设非常设的区域，如泥工区、烹饪区等。

（二）确定各区域的具体位置

考虑各种活动的不同性质、家具设备的情况、教室空间各个部分的特点，依据因地制宜、动静分离的原则，同时考量幼儿使用时交通路线的顺畅，确定各个区域的具体位置，并使之有明确适宜的间隔或界限。

（三）提供材料并合理呈现

提供的材料应该是安全、卫生、丰富、便于幼儿操作的，同时合理的呈现也非常重要。除了方便幼儿独立取放和整理外，应该尽可能做到"有意义摆放材料，引起幼儿关注和兴趣"①。

二、逐步导入，有序组织区域活动开展

第一，帮助幼儿熟悉区域中的材料、工具和相关的活动内容。

第二，逐步开放活动区，与幼儿共同讨论建立每个区域的活动规则，并协助幼儿理解和遵守规则，保障区域活动时幼儿的安全和活动有秩序。

三、共同经营，有效开展学习与游戏

（一）与幼儿共同制订区域学习或游戏的计划

1. 教师可以通过多种方式组织。

集体计划——教师与全体幼儿一起进行计划的制订，通常用于计划全体幼儿都需要参加的学习活动或教师组织的活动。

小组计划——将幼儿分成 2～3 个小组，由班级教师分别带领各组进行计划的制订。

个别计划——教师一对一协助幼儿

---

① ［美］柯蒂斯，［美］卡特：《和儿童一起学习：促进反思性教学的课程框架》，周欣，等，译，北京，教育科学出版社，2011，74 页。

进行计划制订，通常是计划幼儿的个别化学习或自主游戏活动。

2. 幼儿可以通过多种方式表述或表达。

游戏方式——幼儿在教师设计的游戏活动中思考并表述或表达自己的计划内容。

口语方式——用口语表述的方式向教师和同伴介绍自己的计划内容。

其他表征方式——用图画、符号、文字等方式表征自己计划内容的方式。

3. 鼓励但不要求幼儿明确表述或表达。

自己的想法/目标，如"我想做……"等。

具体的行动方案，如"和××一起去××区……""用……做一个……"等。

(二)协助幼儿参与学习与游戏

1. 保证幼儿有足够的区域活动时间，一般活动时间须持续 45 分钟以上。

2. 教师可以组织幼儿的小组学习或个别化学习活动。

3. 教师可以选择适当的位置观察和了解幼儿的自主学习与游戏，并在恰当的时候用适宜的方式回应幼儿的需求或参与幼儿的游戏。

4. 教师在必要的时候协助幼儿处理同伴之间的矛盾冲突。

(三)指导并协助幼儿一起做好活动后的收拾、整理工作

1. 在区域活动之前，教师与幼儿都要明确具体的收拾、整理任务。

2. 当幼儿完成一项活动时，教师要及时提醒幼儿进行收拾、整理。

3. 在区域活动结束前几分钟，教师要预知幼儿即将开始收拾、整理的工作，并在整理前有一个明确的提示信号。

4. 对于单独完成收拾、整理有困难的幼儿，教师要给予协助。

(四)适当协助幼儿对自己的活动进行回顾、分享

1. 提供幼儿对自己学习经验进行回顾分析以及分享学习他人经验的机会，可以是幼儿一个活动结束后教师和幼儿间的个别化交流，也可以是整个区域活动结束后教师组织的小组式分享交流，或幼儿之间的分享交流。

2. 教师收集和保留幼儿真实的学习痕迹，协助幼儿进行分享，如活动照片、作品实物、作业单等。

经验小贴士

💛 不同年龄段幼儿的区域活动计划

小班

以口头计划为主，计划的内容比较简单。比如，教师提问："×××，今天你想做什么？"幼儿简单说出自己要去哪里玩或者玩什么即可。

适用的游戏方式有：转呼啦圈、望远镜、手偶传递、打电话、电视播报等。

中班

中班幼儿语言表达能力增强，制订计划的内容可以更加丰富些。比如，教师提问："今天你想做什么？准备怎么做?"幼儿说出自己要去什么区域活动，简单描述自己将要进行的活动，将要和谁一起玩等，如"我想去语言区玩手偶表演，我想邀请×××一起玩"。

适用的游戏方式有：占地盘、找朋友等。

大班

大班幼儿的计划意识和语言表达能力都逐步增强。教师可以引导幼儿较详细地描述自己将要进行的活动，如主要的想法、将要使用的材料、怎样合作以及需要什么帮助等。

除了语言表达外，大班幼儿还可以运用各种表征手段表述自己的计划，如用绘画、表格、文字、符号等。

❤ 帮助那些还没有学会制订进区计划的幼儿

学会制订进区计划对幼儿的学习非常重要。幼儿可以在这个过程中提高学习的主动性和自信心，因此教师需要密切关注还没有学会制订进区计划幼儿的行为，并给予及时的回应和指导。比如，对进区活动没有计划或不愿意表达的幼儿，教师可允许他们用动作表示自己的

选择，或直接带领他们去各区域进行选择。另外，对于有多个想法或每天都想去同一区域的幼儿，教师可以通过交谈让他们明确自己的想法，或通过回忆环节分享同伴的学习经验，引起他们对其他区域的兴趣和关注。

❤ 以解决问题的方式处理幼儿间发生的冲突

幼儿发生冲突时，教师要在保障安全的情况下引导他们自己解决。如果教师需要介入，应以解决问题的方式处理幼儿间的冲突，与幼儿讨论问题产生的原因，共同寻求解决办法，并给予后续的支持与跟进。

❤ 教师间分工合作，保证每个幼儿都在成人的视线范围内

幼儿进行区域活动时处于自由交流状态，教师事先要有明确分工。教师对幼儿进行观察时要有一定的目的性，避免只是在教室中来回走动。在与幼儿互动时要选取合适的站位和姿势，既能与个别幼儿互动交谈，又能够兼顾到其他正在活动的幼儿。

❤ 引导幼儿建立区域活动规则并认真遵守

遵守区域规则是保证幼儿自主学习的前提，是幼儿社会性行为发展必须学习的行为规范。让幼儿参与规则的制订

并引导他们遵守规则，教师要帮助幼儿认识到遵守规则的意义，并对遵守规则的行为给予肯定和鼓励，将区域规则内化为幼儿的行动准则。

♥ 区域活动中的"重点关注"

区域活动中，每个幼儿都在不同的角落进行着自己喜欢的活动，教师常常感到很难兼顾每个幼儿。如何实现对幼儿全面又比较深入的观察、了解及指导呢？各小组轮流进行"重点关注"的尝试，成效显著。具体方式为：

1. 做好"重点关注"的计划，让每个幼儿轮流成为"重点关注"的对象。通常是一天一个小组，每组 5～7 个幼儿，一周轮完。

2. 计划环节。教师有意识地倾听"重点关注"幼儿的计划。

3. 学习与游戏环节。在兼顾全体的情况下，教师有意识地做侧重观察，并对"重点关注"幼儿的活动进行照片记录、摄像记录或文字记录等。

4. 活动后的回忆环节。教师可有的放矢地请被"重点关注"的幼儿进行回忆讲述，以便更加完整、深入地了解其游戏与学习的情况。

♥ 各年龄段小结的重点是什么

1. 小班年龄：多以图片、活动照片、录像为参照，鼓励小班幼儿大胆主动地在集体面前进行分享；只要能描述出重点即可。

2. 中班年龄：多以幼儿工作的作业单、作品为参照，能够大方地站到集体面前，用比较完整的语言描述工作中如何解决遇到的困难。

3. 大班年龄：能够主动、大方地进行分享；完整、有重点地描述工作过程，讲述这份工作的重点和难点，给同伴一些建议，引发同伴对这份工作的兴趣，并为自己制订下一步计划。

♥ 幼儿都想分享怎么办

1. 自由分享。给幼儿自由讨论的时间，让每个人都有与伙伴分享经验、表达自我的机会。

2. 轮流"重点分享"。通过轮流成为"重点关注"小组，让幼儿都有重点分享介绍的机会。

3. 档案袋分享。教师整理幼儿的作品，给予记录或评价并装入档案，记录幼儿成长的足迹，方便幼儿回顾和与人分享。

4. 网络分享。鼓励幼儿把作品带回家请家长拍下来发到班级博客或班级论坛等网络空间，与更多人进行分享。

♥ 小结活动中的五要和五不要

五要

1. 要鼓励每一位幼儿积极主动地发言。

2. 要鼓励幼儿互相倾听、互相鼓励。

3. 要让幼儿说出自己的看法，即使意见和其他同伴不一样也没有关系。

4. 要有集中有分散，既要让幼儿有在集体面前进行小结发言的机会，也要让幼儿有小组讨论或幼儿之间互相进行小结交流的机会。

5. 要让小结留下痕迹。比如，幼儿用绘画形式小结、用简单的文字小结，教师用照片或录像的方式记录幼儿的小结等。

五不要

1. 不要忽视每一位幼儿的分享需求。

2. 不要打击幼儿小结时的信心。

3. 不要忽略幼儿在小结中的进步。比如，对小结的热情有进步、语言的组织有进步、倾听同伴的小结有进步等。

4. 不要让小结活动流于形式。

5. 不要随意中断幼儿的讲述或分享。

参考案例

💛 **活动案例一**

计划游戏三玩法

在计划活动中，以游戏的方式可以增强活动的趣味性，也是幼儿最喜欢的方式之一，下面列举三个例子供大家参考。

🐦 **游戏"转呼啦圈"**

1. 材料准备：大呼啦圈一个，做标记用的彩色即时贴若干。

2. 游戏玩法：准备一个大呼啦圈，上面用彩色即时贴做好若干个标记（根据幼儿人数来定，一般为 3~4 个）。教师与幼儿边念儿歌边转呼啦圈。当儿歌念完时，握住标记部分的那个幼儿就来做计划。比如，"小孩小孩真爱玩，转个圆圈停下来"，当念完"来"时，全体停住，看是哪个幼儿的手握住了标记，握住标记的人即做计划。

3. 注意事项：此形式适合小班幼儿分组进行计划；儿歌的内容一定要简短，最好是幼儿平时熟悉的。

🐦 **游戏"丢骰子"**

1. 材料准备：一个正方体的骰子，在正方体六面写上幼儿的姓名。

2. 游戏玩法：幼儿数一、二、三，教师将骰子往空中丢，掉下来显示名字的幼儿出来向其他幼儿说出自己的计划。说完后幼儿拿着自己的区牌挂到选择的区域里。游戏一直循环进行，直到全部幼儿做好计划后结束。

3. 注意事项：此形式适合中班、大班幼儿；可在集体订计划时使用。

🐦 **游戏"找朋友"**

1. 材料准备：幼儿会唱歌曲《找朋友》。

2. 游戏玩法：幼儿与教师一起围成圆圈，教师先做找朋友的人，边唱边找朋友，到唱到最后一句"你是我的好朋友"后，指到谁，谁就去做计划。游戏循环进行，直到全体幼儿都做好计划后结束。

3. 注意事项：此形式适合中班、大班幼儿；可在集体或分组订计划时使用。

♥ 活动案例二

区域活动计划二三事

✿ 情境一

教师和幼儿在订计划，教师问："小朋友，你最想要去什么区玩？"话音刚落。

幼儿琪："我要去角色区，我要去角色区。"

幼儿铭不甘示弱："我也要去娃娃家。"

教师笑着说："请你们一个一个地告诉我，慢慢来。"

✿ 情境二

准备两部玩具电话，教师拿一部，另一部轮流交到幼儿手中。幼儿以"打电话"的方式将自己要去的区域名称和打算玩的内容告诉教师。

"老师老师，为什么还不叫我啊？我要去娃娃家。"昊大声地说。

"我也要去娃娃家，老师。"蕾看着旁边的人都去玩了着急地说。

"蕾，你想去哪个区，玩什么？"

"我想去角色区，给娃娃喂奶。"

角色区早就已经人数满了。

教师轻声地说："娃娃家已经满人了哦。"

"哇"的一声，蕾哭了起来。

教师说："要不，等会儿我们一起到娃娃家作客怎么样？"蕾笑了，眼里带着晶莹的泪光。

✿ 情境三

教师发现音乐区今天没人选择。

"今天宋爸爸给我们带来了一把吉他，放在了音乐区，哪位小朋友想到区里去弹一弹呢？"

好几个幼儿都举起了小手，他们都争着要去了……

计划形式可以充满乐趣。教师在幼儿计划的过程中可以根据实际情况进行有效的引导，做到既尊重幼儿，又启发幼儿进行更多的尝试，从而促进幼儿主动学习。

♥ 活动案例三

中班数学区案例——是"32"还是"33"

✿ 发生了什么

教师在数学区投放了各种大小不同的饮料瓶和空纸箱，希望能够引发幼儿玩装箱的游戏，感知理解容积、体积等数学经验。阿灵和小宝一起在玩这份材料。他们把椰汁罐依次排成一队，然后在上面又排一排小的饮料罐。

阿灵：排好了。

小宝：这是火车头。

阿灵：对，这是火车头！

小宝蹲下来用手指点数排好队的瓶子，1、2、3、4、5……数一个上面的瓶子，再数一个下面的瓶子，阿灵跟着他一起数。数到"30"时，碰倒了上面的一个小的瓶子，小宝停下来想去捡，阿灵继续点数到结束"33"，手还继续向前指。

小宝：不对，我刚才没数完。

阿灵：对的，是"33"！

阿灵和小宝一人站一边，又开始从头数。数一个上面的瓶子，再数一个下面的瓶子，一直数到"32"。

小宝：是"32"个。

🐦 学习了什么

利用游戏的真实情境按物点数。幼儿是在一种自发的状态下开始按物点数的。在有争议的时候通过重新点数验证结果，这样的学习状态有利于幼儿主动获取学习经验。

教师了解到幼儿在点数方面的差异。小宝手口一致点数能力较强，对30以内的数序概念掌握较牢固，能坚持自己的想法。阿灵能掌握10至20数字的手口一致点数，对30以上的点数数序较模糊，但在同伴的帮助和引导下可以点数到32。

🐦 反思与促进

幼儿对已有材料有了创新玩法。

教师在提供这份材料时，希望激发幼儿探索感知空间关系，但幼儿自己却有了新的玩法，这是教师没有想到的，也是教师感到欣喜的地方。我们提倡利用生活中的自然物来引发幼儿对数学问题的思考。案例中的两位幼儿从这些材料中产生出点数的数学问题，也给教师提供适宜材料带来新的思考，使教师明白如何使材料具有探索性、层次性、操作性。

关注幼儿的个别差异。幼儿在数学学习时存在很大的差异性。比如，学习方式的差异，小宝数数时是数一个上面，再数一个下面；学习速度上的差异，小宝一遍就能数清楚，准确地数出是32个瓶子。阿灵需要在同伴的帮助下，数两遍才能数对；能力上的差异，小宝学习数学的能力较强，对游戏进程起主导作用，阿灵愿意接纳同伴的意见。教师需要在了解幼儿差异的基础上进行有针对地支持和帮助。

🐦 活动建议

针对能力较强的小宝，教师可以提供改变物体排列形状、顺序的10以上数让他练习点数。

针对阿灵，可以利用生活中的"点名""做值日生"的真实情境，有意识地让她练习点数20以上的物体，同时帮助她理解10以上数的实际意义。

素材选编

美工区材料提供清单

操作类

①纸：皮纹纸、宣纸、刮画纸、牛皮纸、报纸、彩虹纸、色纸、瓦楞纸、报纸、包装纸、图画纸、卡纸、皱纹纸、蜡光纸、手工纸、吹塑纸、KT板。

②颜料：丙烯、水墨画颜料、水粉颜料、油画颜料、水彩笔等。

③立体造型：纸浆、橡皮泥、纸黏土、空气黏土、陶泥、面团、各类模子、牙签等。

④绳：包装绳、毛线、塑料绳、彩色棉绳、麻绳等。

⑤废旧材料：雪糕棒、包装袋、亮片、彩色串珠、喷雾瓶、眼药水滴瓶、饮料瓶、碎布、纸杯、纸碟、纸盒、纸箱、纸袋、彩色碎纸片、牙膏盒、肥皂盒、旧信封、各种纸碎片、光碟、广告纸、厕纸筒卷、海绵、泡沫、蛋壳、果壳、吸管、纽扣、棉花、瓶盖、牙刷、碎KT板块、毛线、锅、自行车等。

⑥自然材料：沙子、树枝、大贝壳、木珠、石头、种子、树叶等。

工具类

①笔刷类：油漆笔、水溶性画棒、油画棒、水彩笔、油性笔、粉笔、刷子、棉签、宽窄不同的排笔、炭棒、毛笔、彩色铅笔等。

②其他工具：双面胶、泡沫胶、固体胶棒、糨糊、胶水、白乳胶、剪刀、打孔机、回形针、透明胶、压花机、泥塑工具、画板等。

③清洁整理工具：小水盆、小水桶、抹布、小扫帚、簸箕、拖把、海绵、纸巾、废旧物品回收箱、幼儿工作衣等。

角色游戏区材料提供清单

场景类

儿童尺寸的家具、各主题空间的标志、用以分隔空间的栅栏、屏风或其他材料、商业亭、收纳物品的储物柜、布景、小交通工具、可搭建成小家具的大型积木等。

装扮类

（如果是幼儿参与制作的则更佳）

各类角色装扮服装（警察服、医生的白大褂等），表演性服装，头饰与发套，饰品（项链、化妆盒等），纱巾、短裙、小翅膀、腕花、披风等有明显装扮效果的材料等。

各类玩偶

各种玩具娃娃，如婴儿娃娃、民族娃娃、职业娃娃、童话人物等，各种动物公仔等。

食物类

各种蔬菜、水果，各种仿真食品等

（可购买仿真食品玩具，也可用废旧材料自制）。

🐦 工具类

与各种主题相关的各式工具材料；娃娃的生活用品、用具：娃娃的奶瓶、衣服等；医疗玩具：药箱、听诊器、注射器（无针头）、输液瓶、压舌板、手电筒、血压器；餐具玩具：盘子、碗、叉、筷子、勺子；炊具玩具：灶台、各种锅、切菜板、菜刀、擀面杖、炒勺、调味瓶等；小家电玩具：熨斗、微波炉、冰箱、电话等；理发玩具：吹风机、假发套、发卷、各种梳子、各款洗发水瓶子、发剪、工作围裙等；计量收银玩具：收银机、电子秤等；邮电通信玩具：电话、手机、对讲机；书写记录用具：纸、笔等。上面这些材料可以用旧的家电实物，也可用废旧材料自制替代品。

建构区材料提供清单

🐦 积木类

户外大型积木、室内空心积木、中型积木、小型积木、斜面积木和层板等。

🐦 积塑类

雪花片、各种形状的插塑、乐高插塑、智高乐积塑、中空管状的弯管积木、胶粒等。

🐦 辅助材料类

各种模型，如各种交通工具模型（玩具汽车、轮船等）、人物模型、动物模型、花草树木模型、家庭用品模型等。

各种标志，如交通标志、门牌标志等。

其他辅助材料，如各种盒子、瓶子、罐子、纸板、纸轴筒等。

语言区材料提供建议

🐦 听说类

小班：以开放性材料为主，关注幼儿倾听和讲述能力的发展。

中班：以开放性材料为主，增加幼儿主动讲述和合作讲述的材料，关注幼儿倾听、复述、自由讲述的能力发展。

大班：注意开放性材料和结构性材料比例适当，鼓励幼儿自己创作和讲述，鼓励幼儿掌握句式的完整表达。

🐦 阅读类

第一，根据幼儿的年龄特点提供适宜的阅读资源。

小班：提供面画清晰、情节简单、故事线索具有重复性的图画书，书中文字少，且与画面情节高度匹配。注意展示一些幼儿比较熟悉的图书。

中班：提供画面清晰、故事情节有戏剧性冲突，文字与画面高度匹配的图画书。注意定期补充和更新。

大班：提供各种具有科学性、艺术性和幻想性的故事书或图画书；画面清晰，情节具有趣味性，文字大小适宜，且与画面内容相关。数量和种类都应该比较丰富。

第二，阅读活动延伸的操作材料。

小班：针对幼儿熟知的读本开展涂色、排序、人物连线等活动，发展幼儿的阅读理解能力。

中班：针对幼儿熟知的读本开展涂色、排序、人物连线及句式排序等活动，发展幼儿的阅读理解能力和完整讲述能力。

大班：针对幼儿熟悉的读本开展故事创编画、故事排序、完整句式的排列、辨识简单文字、书写信件等活动，发展幼儿的独立阅读理解能力和完整讲述能力。

书写类

提供足够数量的水彩笔、油画棒、油性笔、画纸及卡纸，可以为大班幼儿增加彩色铅笔。

语言区材料提供清单(供参考)

年龄段	听说类	阅读类	书写类
3～4岁	讲故事的小布叮 有趣的点读笔 骰子游戏 打电话	各种图画书 动物与实物配对 图片与实物配对 点读笔	开汽车 摸一摸 磁性板拼摆汉字 纸和笔
4～5岁	棒棒指偶 电视播报员 说说对与错 排序讲故事	各种图画书 字图配对 职业配对 量词找朋友 有趣的相反	汉字涂色 沙盘写字 小钉扎字 摸一摸、写一写 纸和笔
5～6岁	手偶小剧场 智勇大冲关 我们的班级相册 谁的房子最特别 交流与分享	各种图画书 图文配对 故事讲述 古诗填字 阅读卡 班级小信箱	拼字游戏 笔画的书写练习 印字游戏 按图学习书写汉字 偏旁部首游戏 汉字迷宫 纸和笔

音乐表演区材料提供清单

服装道具类

(以下材料最好是幼儿参与制作、收集的)

各种表演类服装，如民族类服装、动物类服装、卡通类服装等。

各种装扮用品，如头饰、面具、首饰、纱巾、披风、化妆品等。

各种道具类，如道具箱、麦克风、魔法杖等。

🐦 乐器类

电子琴、八音铝琴板、音条、五铃木握铃、七音阶盘子、三音梆子、沙蛋、串铃、蛙盒、吉他、碰铃、铃鼓、三角铁、鼓、双响筒、沙锤以及各种自制打击乐器等。

🐦 音响设备

电视机、录音机、DVD、麦克风等。

🐦 其他材料

节目单、节奏卡、乐曲图谱、音乐书籍、音乐游戏卡、纸、笔等。

 团体操

团团（3岁）：
早上还没有睡醒的时候就不想做操。

欣欣（4岁）：
广播里响音乐的时候，
就要到操场去做操，
要像解放军叔叔一样有精神，
整整齐齐的。

【童心童画】

★ 皇甫（5岁）：
我喜欢到前面去带大家做操，
我是指挥官！
大家都要听从指挥！

第十六章 团体操

一、基本描述

团体操是幼儿园日常进行的、体育运动与艺术高度相结合的、综合性团体活动。按开展时间通常分为早操和课间操。其活动内容通常包括这样几个环节：操节(模仿操或徒手操或器械操)、队形队列与体能练习、放松与游戏。

二、对幼儿而言，在团体操环节中可以——

☆在良好的团体氛围中激发参与运动的兴趣，养成良好的运动习惯。

☆满足身体动作发展的需求，锻炼身体机能。

☆发展身体韵律感、节奏感和审美能力。

☆增强团体意识与合作能力。

三、对教师而言，在团体操环节中应该——

☆提前设计编排符合幼儿兴趣、动作发展特点、难易适当的团体操。

☆以身示范，和幼儿一起做操，做幼儿积极参与团体操活动的榜样。

☆观察幼儿在活动中的情绪体验、参与程度、动作特点等综合表现。

☆协助幼儿保持良好的活动秩序，保障幼儿安全。

方法与流程

一、活动前的准备

(一)主班教师

1. 提醒幼儿做好参加团体操活动的

准备，如适量饮水、适宜着装及盥洗等。

2. 依据天气情况确定是否需要更改团体操场地。

3. 关注个别情况特殊的幼儿是否适宜运动。

4. 组织幼儿有序前往团体操活动场地。

(二)配班教师

1. 做好场地的安全巡检。

2. 如果需要做器械操，准备好所需器械，并注意用方便幼儿自己取放的方式收纳或摆放器械。

3. 协助主班教师组织幼儿前往活动场地。

(三)幼儿

1. 做好运动前准备，如饮水、盥洗、检查着装等。

2. 有序前往活动场地。

二、活动过程中

(一)教师

1. 主班教师面向全体幼儿、配班教师配合站位，精神饱满地带领幼儿做操，示范动作规范、到位，必要的时候通过动作、指令等给予幼儿活动提示。

2. 观察幼儿的做操情况，根据幼儿的不同需求给予鼓励或帮助。

3. 有预见性地防范运动过程中可能发生的意外。比如，幼儿的器械没有拿

稳、个别幼儿活动的间距不够大等。

(二)幼儿

1. 积极参与团体操锻炼，按信号、口令做动作及变化队列等。

2. 如果身体出现不适，主动告诉教师。

三、活动后的整理

教师组织幼儿有序整理器械，进入下一活动环节。

经验小贴士

♥ 科学设计团体操

1. 各年龄段团体操应该包括热身活动、基本操节、体能锻炼、整理放松等环节。

2. 根据幼儿的经验和能力编排团体操，从易到难、从简到繁。

3. 选择适宜的音乐。音乐是动作的灵魂，节奏是动作的命脉。幼儿基本体操的表现是通过音乐伴奏来完成的。音乐能满足幼儿充分运用感官的需求，激发幼儿的兴趣。一曲活泼、节奏明快和动听的音乐，可以促使幼儿跃跃欲试，

大大提高参与活动的兴致。

4. 选择便于活动的辅助器械，有助于营造良好的锻炼氛围，提升团体操的趣味性和锻炼效果。

♥ 合理规划团体操的活动场地

1. 团体操的活动场地应该选择宽敞、平整的户外空间，并且在一段时间内相对固定。

2. 如果是多个班级同时进行团体操，应该规划好每个班级的行进路线及先后顺序，避免交通不畅。

3. 可在活动场地设计一些符号标志，帮助幼儿在操节活动中准确站位及进行队列变化等。

4. 活动前主班教师根据天气情况确定适宜的团体操场地；配班教师或幼儿园指定的专人负责提前检查场地及器械安全。如果是中班、大班可以邀请值日生一起做好器械准备。

♥ 团体操过程中不宜过分统一要求

团体操作为一项集体性活动，意味着要引导全体幼儿在同一时间、同一地点完成同一活动。但每个幼儿动作水平、兴趣爱好等存在较大差异，因此，教师应该注意尊重幼儿的个体差异，做操时不宜过分要求动作到位。尤其对年龄幼小或动作不太协调的幼儿，不要急于纠正，可边说边示范，鼓励幼儿逐步学会按信号、口令做动作。

♥ 团体操中教师的角色与分工

团体操时间，是幼儿和教师一起享受音乐、活动肢体、参加运动的时间。教师应该以身示范，积极参与到团体操活动中，既是和幼儿一起运动的参与者，也是积极锻炼、动作到位的示范者，而不应该只忙于检查幼儿动作是否到位等。同时，两位教师应该注意分工合作，一位教师以示范领操为主，站在全体幼儿能够看到的正前方；另一位教师通常在后面或者其他位置，一边做操、配合进行全方位的示范，一边兼顾个别指导。

参考案例

幼儿园早操的编排

深圳市第三幼儿园 凌丽思

早操是晨间锻炼活动的环节之一。它能提高幼儿基本动作的协调性、准确性、灵活性；能发展大肌肉动作，增强幼儿身体素质；能激发愉悦幼儿情绪，促进幼儿自我个性发展和同伴间的友好合作交往，培养幼儿活泼开朗的性格等。

早操的基本结构包括基本操节、队形队列、体能锻炼、整理放松。下面，列表说明早操的功能、内容以及编排的要点。

幼儿园早操的编排设计

基本结构	主要功能	编排要点	内容介绍
基本操节	系统地锻炼幼儿全身大肌肉动作，提高幼儿运动能力与体能	1. 编排时遵循头颈→上肢→躯干→下肢→全身的顺序，从运动量小的动作过渡到运动量大的动作 2. 动作动静搭配，如一组幼儿下蹲，另一组幼儿围绕着下蹲幼儿跑动	1. 小班：以徒手操为主；中大班：徒手操和轻器械操 2. 徒手操的常见形式：模仿操、韵律操、武术操、健美操 3. 轻器械操的常见形式：彩虹伞操（建议小班）、布制红萝卜操（建议小班）、棍棒操、哑铃操、花环操、球操、帽子操、拉力器操、椅子操、啦啦花操、圈操、绸子操、瓶子操、向日葵操、红旗操、短绳操、小踏板操（建议大班）、扇子操（建议大班）等
队形队列	培养幼儿的团队合作精神，形成秩序感	1. 队形队列编排要简单易行 2. 教师的语言、哨音、手势等提示信号要统一	1. 小班：一个跟着一个走圆圈或方形 2. 中班：切段分队，立正、看齐、原地踏步、齐步走、纵队变圆圈等 3. 大班：左右分队、并队走，原地向左、向右转，四路变二路，二路变四路，二路或四路变圆形、双圆形、蛇形、花瓣形，十字方阵逆时针走等
体能锻炼	利用身体或器材练习走、跑、平衡、跳、跨和钻等动作，发展幼儿的基本动作的协调性和运动能力	1. 增加幼儿之间的互动动作，如两列幼儿相互面对站立，用手高抬搭成一个拱门，其他幼儿穿过 2. 横向的体能练习（建议整个年级进行） 3. 纵向的体能练习（建议班级进行）	1. 一列幼儿单脚站立，另一列幼儿围绕幼儿跑动 2. 两列幼儿跳跃交换位置 3. 两列幼儿搭桥，其他幼儿穿越 4. 两列幼儿面对面脚掌相对坐下，其他幼儿双脚并拢跳或跨跳
整理放松	调适早操高峰前后的运动负荷差	应该避免平衡、下蹲等促使幼儿肌肉紧张的动作，以便使幼儿真正达到放松的目的	动物模仿操、集体舞、音乐律动、合作游戏等

♥ 教育随笔

幼儿参与

——一种新的团体操编排思路

以往，幼儿园的早操一般是开学初由各年级组教师统一编排的。早操的操作设计、器械的准备和使用等，都由教师设定，幼儿较少参与，因此容易导致早操的编排出现"成人化"倾向。而学习早操的过程通常就是教师示范，幼儿模仿、加强练习，幼儿的主观能动性难以得到重视和发挥，因此幼儿往往缺乏兴趣。

在"汽车"主题开展到第三阶段的时候，我们引导幼儿和教师共同创编自己班级的"汽车操"。具体步骤如下：

第一步，选定主题。教师与幼儿共同商量，选择了主题研究过程中幼儿最感兴趣的几个内容作为"汽车操"的主题内容，如开汽车、加油站、红绿灯游戏、交通警察与司机、汽车大巡游。

第二步，共同选定操节器械。通过与幼儿讨论，大家一致同意选用很像汽车轮子的呼啦圈作为"汽车操"的器械。

第三步，分小组进行动作创编。幼儿依据自己的兴趣组成5个小组，分别将选定的主题内容，结合呼啦圈的玩法，创编出适合锻炼或游戏的动作、队形等。

第四步，小组交流分享。各个小组分别展示自己小组的创编成果，并互相学习、调整。

第五步，选音乐。鼓励幼儿与家长共同搜集自己喜爱的音乐，大家一起倾听并且确定用到合适的主题部分。

第六步，合成。教师将各主题的音乐及操节进行合成，组织幼儿一起做自己创编的"汽车操"。

通过这个系列活动我们发现，邀请幼儿参与编排操节，是一种多赢的活动思路。其价值主要体现在：首先，让幼儿在主题探究过程中获得的经验得以统整、提升；其次，综合锻炼幼儿多方面的能力，如搜集和选择音乐的能力、交流合作的能力、创编肢体动作的能力等；最后，充分发挥了幼儿的主体性，幼儿更加喜欢探究活动，也更加喜欢做团体操。

教师组织的体育教学活动

⭐ 磊磊（3岁半）：
我最喜欢壁虎老师教我们用彩虹伞做
面包的游戏。

⭐ 涵涵（4岁）：
体育运动就像小兔子一样蹦蹦跳跳，
还像小虫子一样爬爬爬。

【童心童画】

元元（6岁）：
体育活动就是老师组织我们打比赛，
踢足球、打手球，都很好玩，很过瘾的，
你就像国家队一样。

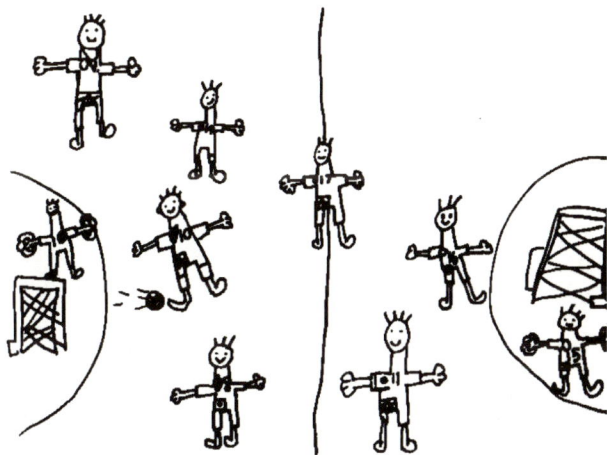

第十七章　教师组织的体育教学活动

核心关注

一、基本描述

教师组织的体育教学活动是教师组织的、有计划、有目的的体育教学性活动。

二、对幼儿而言，在教师组织的体育教学活动环节中可以——

☆在良好的团体氛围中激发参与运动的兴趣，养成良好的运动习惯。

☆满足身体动作发展的需求，锻炼身体机能。

☆学习运动的技能与技巧，并进行练习与巩固。

☆增强环境适应能力和自我保护能力。

☆获得愉悦的情绪，并锻炼心理品质。

三、对教师而言，在组织体育教学活动环节中应该——

☆在活动前充分了解幼儿身体动作和体能发展水平。

☆充分利用户外场地设施和器械，创建适宜的运动环境。

☆组织科学而有趣的体育活动。

☆激发幼儿对多样体育活动的兴趣。

☆培养幼儿体育活动的良好常规，并注重过程中的安全教育与监护，确保活动安全。

方法与流程

一、活动前的准备

(一)主班教师

1. 提醒幼儿做好参加体育活动的准

备，如适量饮水、适宜着装及盥洗等。

2. 介绍当天活动的主要内容，如场地、器械及活动的要求，强调运动安全事项。

3. 做好特殊活动项目的准备，关注个别情况特殊的幼儿是否适宜运动。

(二)配班教师

做好场地的安全巡检和器械布置，视情况可以请部分幼儿一起参与场地布置。

(三)幼儿

1. 做好运动前准备，如饮水、盥洗、检查着装等。

2. 参与活动场地的布置和器械准备。

二、活动过程中

(一)热身部分

教师组织幼儿通过游戏、做操、队列等多种形式充分活动全身肌肉与关节，并引导幼儿对当日活动将要重点运动的部位有针对性地进行预热。

(二)基本部分

教师要明确活动规则和要求，准确地进行动作示范；观察幼儿学习和练习过程中的情况，并及时对活动进行必要的调整或对幼儿进行个别指导。

幼儿要进行模仿和练习，积极参与游戏，自由探索。

(三)放松部分

教师组织幼儿通过律动、游戏等多种形式充分进行身体各部分的放松，尤其是当日活动中重点运动的部位。

(四)自由活动部分

在幼儿当日的运动量有一定保障的基础上，教师可以视时间和场地等情况安排幼儿进行自由活动，具体详见"户外自由活动"一章。

三、活动后的整理

(一)主班教师

用幼儿熟悉的指令或信号，提醒幼儿进行收拾、整理，重点提示新器械或有一定难度的器械的整理方法；集合清点幼儿人数，整理队伍回班。

(二)配班教师

重点指导新器械或有一定难度的器械的整理；检查是否遗漏器械、衣物等；配合清点幼儿人数。

（三）幼儿

参与场地与器械的整理，做好自我整理，排队有序地离开场地。

经验小贴士

💛 强化幼儿运动安全教育

对幼儿进行安全教育应从正面积极引导，清晰准确地提出运动安全要求，及时肯定幼儿正确的自我保护和处理安全问题的方法，帮助幼儿树立正确的安全意识。在户外活动前，对幼儿进行相关的安全教育是必不可少的。在活动中，一旦发现险情或不安全的动作，应及时指出并帮助纠正。具体实施方式有以下几种：①集中教育，正面引导。在活动开始前，与幼儿一起分析容易出现的一些危险情况，并总结出避免这些情况出现的方法，如争抢器械等。②强调活动时的规则，如游戏规则、器械使用规则等。③及时表扬注意安全和遵守规则的幼儿，从正面引导幼儿如何注意安全。一些幼儿有好的自我保护的方法，教师不断地加以发扬光大，使更多的幼儿了

解到了哪些项目应注意哪些安全，幼儿的头脑中会不断出现哥哥姐姐在玩的时候的正确姿势及安全的玩法，从而有意、无意地提高了自身的保护意识。另外，在活动中，教师应全面关注每一个幼儿，一旦发生险情或不安全的动作，应及时指出并帮助其纠正，提高幼儿的自我保护意识。④个别指导和同伴影响相结合。教师的个别指导能够帮助幼儿逐渐建立运动习惯，从而对活动项目有安全意识。同伴的影响也是很重要的，特别是看到别人遇到困难或危险时，自己便会从中吸取教训，而去摸索和探究另一种保护自我的方法，从而也增强了自己的保护意识。⑤随机教育，及时提醒。安全教育不仅要在集体活动中集中进行，还应在日常生活中随机进行，渗透在幼儿的一日活动中。教师可以结合幼儿在活动中出现的问题，给予必要的、合理的安全教育。比如，幼儿在上下楼梯时，提醒幼儿一个一个地下，不拉扯。在选择玩具时，把幼儿分成若干组，一组一组地拿，避免拥挤现象的发生。

💛 强化幼儿基本身体素质训练

根据小班、中班、大班不同的年龄阶段制订不同的幼儿基本动作和运动素质练习。这些基本动作在每天的户外活

动中应当轮流选择其中的 2～4 项，由教师来有计划、有组织地进行动作指导练习。

小班：沿地面直线走、走低矮平衡木、双脚灵活交替上下楼梯、四散跑时能躲避他人的碰撞、双手向上抛球、膝盖着地爬、双脚连续跳、跳小台阶、垫上运动、匍匐前进、横向滚动身体、单脚跳 2 米、扔沙包 2 米、快跑 15 米、徒手操等。

中班：躲闪跑、四肢爬、自抛自接球、垫上运动、单脚跳 5 米、立定跳远、拍球、快跑 20 米、平衡木、扔沙包 4 米、徒手器械操等。

大班：青蛙跳、折返跑、矮人走、单脚跳 8 米、原地摆臂、高抬腿、快速跑 25 米、原地跳转、连续拍球、扔沙包 5 米、钻爬、攀登、平衡练习、器械操等。

💛 不适合 3～6 岁幼儿开展的体育项目

小班不适合的体育项目有：小于 10 厘米的平衡木、快速跑、长距离耐力跑、仰卧起坐。

中班不适合的体育项目有：长距离耐力跑、扳手腕、拔河比赛，负重跑，负重登山。

大班不适合的体育项目有：扳手腕，拔河比赛，举重（哑铃练习、举杠铃、杠铃深蹲），力量体操（引体向上、俯卧撑、双杠曲臂撑、曲臂悬垂），负重跑，负重登山（腿或身体绑沙袋）。

💛 运用科学方法测量和调整户外活动

在幼儿户外活动中，活动量过小，则达不到身体锻炼的要求；活动量过大，又易引起幼儿的疲劳或产生排斥心理。这就要求教师科学、灵活地调整幼儿的活动量。教师调整幼儿活动量的前提是教师会合理估量、科学测量幼儿的活动量。测量活动量的方法很多，测量运动密度是了解幼儿运动量的基本途径之一。

测量方法 1：运动密度是指运动时间与活动时间的比值。比如，某大班一次户外体育活动中各种动作的实际练习时间是 16 分钟，单位活动时间为 35 分钟，那么其运动密度为：$16 \div 35 \times 100\% = 46\%$。幼儿的身体锻炼与动作练习的生理负荷的域值，如果按照小班 15～20 分钟、中班 20～25 分钟、大班 30～35 分钟，幼儿运动时平均心律 130～160 次/分钟来计算，那么 3～6 岁幼儿合理的运动的密度应该在 35%～65%。

测量方法 2：测心跳。正常情况下，3～6 岁幼儿的正常心率为 90～110 次/分钟，如果幼儿做激烈的追逐游戏，心率可达每分钟 180 次以上；而做"老狼老狼几点钟""贴烧饼"等体育游戏时，心率一般只在每分钟 130～140 次。相比较，前

者强度大，后者强度小。应注意的是：幼儿户外活动量应由小变大，然后由较大变小，这符合人体生理机能活动变化规律；还要注意在活动中急与缓，动与静的交替，这样不容易引起幼儿疲劳现象。

参考案例

♥ 活动设计一

体能活动——快乐小醉侠

适宜年龄：大班

执教教师：深圳市第二幼儿园　徐采庚

活动场地：幼儿园大操场

助教：1 名

🐦 活动设计思路

由于幼儿的年龄特点，他们容易在快跑、转弯、急停、助跑跨跳、游戏等活动中出现因失去平衡而摔倒的现象。根据幼儿的这一运动特点，结合幼儿已有的生活经验，教师借助"绳子"材料，设计此体育活动。旨在让幼儿通过自主探索绳子多样的组合变化出不同的玩法，以此来发展幼儿在各种运动状态下的平衡技能，培养幼儿勇于尝试和勇敢的精神。教师注意为幼儿创设不同难度的平衡障碍，发展幼儿自我判断、合作与交流的能力，促进每位幼儿在不同的水平上得到发展，同时获得成功的体验。

🐦 活动目标

1. 通过幼儿在绳子上自主的、创造性的动作练习，发展幼儿平衡、跨跳等多种运动技能。

2. 让幼儿选择不同难度的障碍进行练习，培养幼儿自我判断的能力和勇于尝试、积极练习的态度。

3. 通过幼儿运用绳子自由、自主、合作性的探索练习，培养幼儿的合作、交往能力。

活动重点是动、静平衡。

活动难点是在用绳子组成的不同障碍上保持平衡，快速行进。

🐦 活动准备

1. 材料准备：人手一根棉质跳绳、场地布置用绳约 20 根；不同粗细的长绳 2 根；录音机、音乐。

2. 经验准备：帮助幼儿回忆生活及运动中摔倒的经验。

🐦 活动流程图

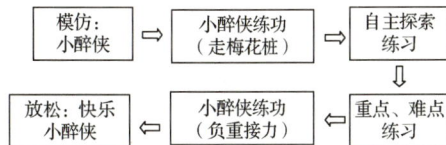

🐦 活动过程

（一）开始部分（3~4 分钟）

1. 交代活动要求。

2. 模仿小醉侠。（如图 17-1）

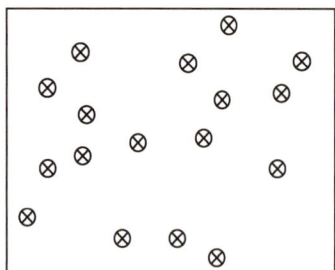

图 17-1

（二）基本部分（22～24分钟）

1. 小醉侠练功（走梅花桩）。

（1）幼儿分三路纵队将各自的绳子盘成梅花桩，进行走梅花桩练习。

（2）幼儿选择不同难度的梅花桩路线进行练习。（如图 17-2）

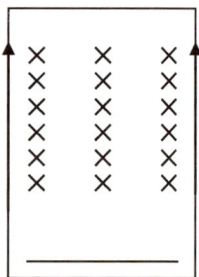

图 17-2

2. 幼儿自主探索练习。

幼儿结合已有经验分散地、自主地进行探索练习。教师鼓励幼儿利用绳子大胆尝试进行各种平衡动作练习，并引导幼儿与同伴相互合作。教师参与练习活动，引出练习重点和难点（快速行进中保持平衡）。

3. 重点、难点练习。

幼儿与教师一同将绳子摆放成不同难度的平衡障碍（如图 17-3），并自由选

择适当的难度进行平衡练习。教师巡视并鼓励幼儿大胆尝试，观察幼儿在练习中出现的不同问题，进行个别指导与动作示范。

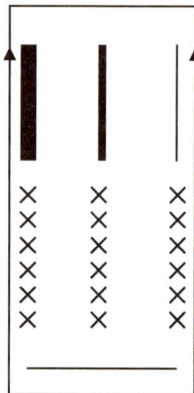 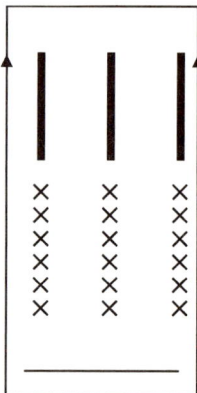

图 17-3　　　　　**图 17-4**

4. 小醉侠练功（负重接力）。

游戏玩法：将幼儿分成人数相等的三组，按要求通过所有的平衡障碍再返回起点，分别拍下一名幼儿的手，依次接力，先完成的一组取胜。

规则：每位幼儿只能在梅花桩或平衡木上通过。

（三）结束部分（3～4分钟）

1. 快乐小醉侠（放松）。

2. 教师小结，分别进行评价。

💛 **活动设计二**

体能活动——有趣的踏板

适宜年龄：大班

幼儿人数：40

执教教师：深圳市第二幼儿园　徐采庚

活动场地：幼儿园大操场

助教：1 名

🐦 活动设计思路

在幼儿做踏板早操的过程中，我们发现幼儿对踏板产生极大的学习兴趣。而幼儿在"中华国粹"的主题探究活动中，对英雄人物110米跨栏的奥运冠军刘翔产生了崇拜之情，因此教师试图抓住这有利的教育契机，借助"踏板"材料，设计此体育活动。这项活动旨在让幼儿通过自主探索踏板多样的组合所变化出不同的玩法来发展幼儿的各种运动技能，培养幼儿勇于尝试和勇敢的精神。教师注意为幼儿创设不同难度的障碍高度，发展幼儿自我判断、合作与交流的能力，促进每位幼儿在不同的水平上得到发展，同时获得成功的体验。

🐦 活动目标

1. 通过幼儿在踏板上自主的、创造性的动作练习，发展幼儿跨跳、平衡等多种运动技能。

2. 让幼儿选择不同难度的障碍进行练习，培养幼儿自我判断的能力和勇于尝试、积极练习的态度。

3. 通过幼儿运用踏板自由、自主、合作性的探索练习，培养幼儿的合作、交往能力。

活动重点是助跑跨跳。

活动难点是连贯正确地助跑跨跳过60厘米(4块踏板叠高)高的障碍物。

🐦 活动准备

1. 材料准备：人手一块椭圆形踏板，场地布置用板约20块；游戏中所需的金、银奖牌；录音机、音乐。

2. 经验准备：幼儿初步具备玩踏板的经验。

🐦 活动流程图

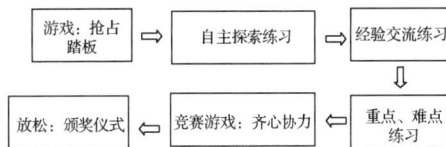

🐦 活动过程

(一)开始部分(3～4分钟)

1. 交代活动要求。

2. 游戏"抢占踏板"。(场地设置如图17-5)

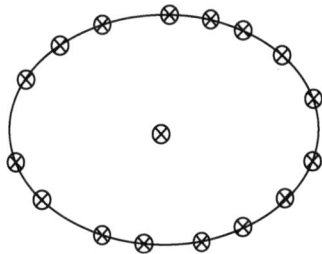

图 17-5

(二)基本部分(22～24分钟)

1. 幼儿自主探索练习。

幼儿分散地、自主地进行探索练习。教师鼓励幼儿利用踏板大胆尝试进行各种动作练习，并引导幼儿与同伴相互合作。

2. 经验交流练习。

在自主探索练习的基础上，引导幼

儿互相交流，分享动作练习经验，鼓励幼儿积极向同伴学习。教师参与练习活动，引出练习重点和难点（助跑跨跳）。

3.重点、难点练习。

（1）幼儿与教师一同将踏板叠放成不同高度的跨跳障碍（如图17-6），并自由选择适当的高度进行跨跳练习。

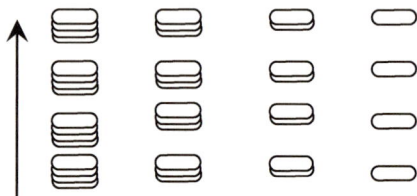

图 17-6

（2）教师巡视并鼓励幼儿大胆尝试，观察幼儿在练习中出现的不同问题，进行个别指导与动作示范。

（3）竞赛游戏：齐心协力。

游戏玩法：将幼儿分成人数相等的两组，并两两牵手站好。每组两名幼儿为一对，按要求同时通过所有的障碍（如图17-7），再返回起点，分别拍下两名幼儿的手。依次接力，先完成的一组取胜获金牌。

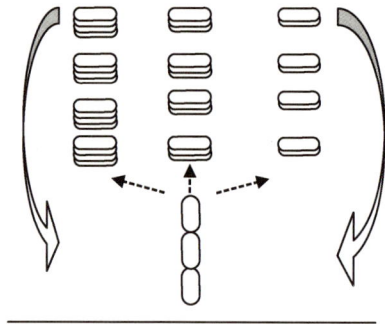

图 17-7

规则：两人想办法不掉下板，合力走过"平衡木"（三块踏板相接纵放）后，迅速判断、选择不同高度的障碍正确跨跳，并分别迅速跑回起点。

（三）结束部分（3～4分钟）

1.教师小结，分别进行评价。

2.进行颁奖仪式，分享成功的快乐。

💛 **教育随笔一**

体育活动的放松环节

深圳市第四幼儿园 季艳红

放松活动在体育活动中有着极其重要的作用，是各类体育课不可缺少的结束部分。体育活动中丰富多彩的放松活动，不仅能增强幼儿参与体育活动的兴趣，还能消除幼儿的运动疲劳，恢复身体机能，促进身心健康。如果没有这个环节，在运动之后，幼儿可能会出现疲乏、头痛、腿痛、心悸、恶心和外部表现面色异常、呼吸急促、动作迟缓、注意力难以集中等现象。运动后充分做好整理放松活动，对促进疲劳消除，调整内脏器官和心理放松有很好的效果。放松整理活动质量如何，直接关系到运动水平、学习效率的提高和课堂教学信息的及时反馈，以及幼儿的身体、心理的健康发展。

对于幼儿园的幼儿来说，以游戏的形式设置场景，并结合音乐是最受幼儿们喜欢和接受的。放松的形式有以下几种：

1.缓慢牵拉。这包括前臂肌的屈伸

牵拉、肘关节的牵拉、肩关节内收牵拉、肩关节上举牵拉、腰背肌腹肌牵拉、大腿屈伸肌的牵拉。上述几种牵拉方法，可根据参与活动的肌肉疲劳感做不同的练习，每个拉伸动做到极限坚持5秒钟左右。

2. 可以在轻松愉悦的气氛中走、慢跑或听音乐，使呼吸逐渐趋于平稳，心率减慢。

3. 游戏。组织一系列轻松的游戏，调节身心，如老虎与猎人游戏等。

4. 意念放松。一是自我意念放松，使自己全身放松，如想象大海平静的场面或夕阳西下的情景。二是接受意念放松，如肩放松、臂放松、深呼吸……直至全身放松。接受暗示是指在教师统一指导下，按教师提示语进行练习。姿势可站、可坐，也可躺下，眼要微闭。总之，放松整理活动一般在缓和性练习、轻松愉悦的气氛中完成。

素材选编

利用废旧物品制作户外体育器械

深圳市第五幼儿园　陶丽亚

幼儿户外体育活动时，为了解决幼儿园体育器械不足和不够丰富的问题，教师、家长和幼儿一起运用各种废旧材料（酸奶瓶、粗布、硬板纸、绒布等）制作了丰富多彩的户外体育锻炼的玩具，如毽子、沙包、拉力器等。教师利用户外活动时间和幼儿一起快乐游戏，自制玩具既展现了教师和家长的智慧，又激发了幼儿进行体育锻炼的兴趣。

自制体育器械如下：

🐦 废旧布类

1. 扔沙包：用废旧布包一些沙制成一个球，练习投掷的动作。

图 17-8　自制沙包

图 17-9　投掷沙包

2. 流星球：用废旧布包一些沙制成球形，并在上面缝上一条漂亮的布条，练习投掷的动作。

图 17-10　自制流星球

3. 动物尾巴：用布制作各种动物的尾巴，玩揪尾巴的游戏，练习躲闪的动作。

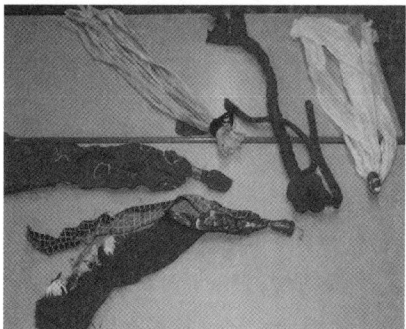

图 17-11　自制各种尾巴

4. 踢沙包：沙包上缝上一条绳子拿在手上，用脚去踢，练习眼脚协调一致。

图 17-12　幼儿踢沙包

5. 夹沙跳：双脚夹住沙包，跳起把沙包扔出去，练习跳跃的动作。

图 17-13　自制沙包

图 17-14　幼儿夹沙包跳

6. 袋鼠跳：用废旧布制作成口袋，幼儿站在口袋中，扮作袋鼠跳跃，练习双脚连续跳。

图 17-15　袋鼠跳

图 17-16　自制袋鼠跳布袋

7. 跳皮筋：用皮筋来制作成皮筋绳，练习跳、跨的动作。

图 17-17　幼儿跳皮筋

图 17-18　各种皮筋

🐦 **废旧瓶罐类**

1. 可乐高跷：在可乐罐上钻两个洞，用电线或绳子穿过去，做成高跷，练习平衡。

2. 滚奶罐：把奶粉罐等装饰一下，看谁滚得远，练习手的控制力。

图 17-19　各种罐

图 17-20　滚奶罐

3. 酸奶拉力器：用皮筋穿过两个酸奶瓶，让幼儿手拿酸奶瓶向上下左右拉，练习双臂的力量。

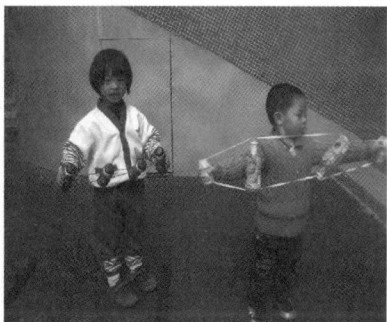

图 17-21　自制拉力器

4. 哑铃：牛奶瓶内装一些沙或豆类，用来做操，锻炼全身。

图 17-22　饮料瓶制作的哑铃

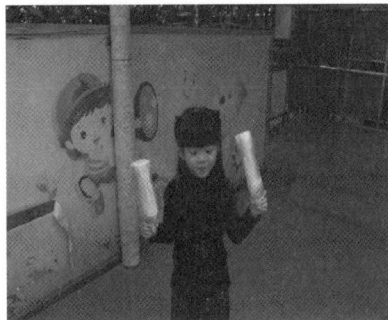

图 17-23　幼儿玩哑铃

5. 举重器：用废旧的矿泉水瓶、可乐瓶、车轮等制作成举重器，练习上举的动作。

图 17-24　幼儿玩自制举重器

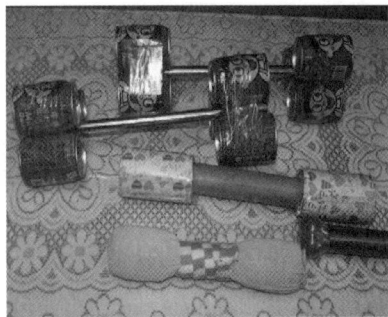

图 17-25　自制举重器

6. 用可乐罐、牛奶罐、废旧轮子等做手推滚筒、手推滚轮，练习手眼协调向前行进。

图 17-26　自制独轮车

🐦 **纸类**

1. 报纸棒：用报纸卷成棒状做成金箍棒，可以做操或玩游戏。

2. 飞碟：用一次性纸盘制作，练习扔的动作。

图 17-27　自制飞碟

3.毽子：用废旧纸张、塑料或鸡毛制作，练习踢的动作。

图 17-28　自制毽子

4.用废旧报纸练习跑、绕、跳的练习。比如，把报纸贴在身上跑动起来，看谁的报纸不掉下来，练习快速跑；把报纸分开放置，双脚并拢向前跳，练习双脚连续跳的动作；把报纸分开放置，绕报纸"S"形向前跑，不能碰到报纸，练习动作的灵活性等。

图 17-29　用报纸练习跑

图 17-30　用报纸练习绕障碍

5.用废旧的纸盒制作成球门，把纸球踢入球门，练习眼脚协调。

图 17-31　踢纸球射门

6.用废旧的纸盒制作球门，把纸球打入球门，练习眼手协调及手对球杆的控制力。

图 17-32　自制纸球、球门、球杆

图 17-33　幼儿把自制纸球打入球门

➡ 户外自由活动

⭐ 小熊（3岁半）：
老师说不遵守规则就会取消户外活动。

⭐ 乐乐（4岁）：
户外活动就是老师带你出去玩，
你想玩什么都可以，
不过要在老师能够看得到的地方，
注意安全就可以了。

【童心童画】

点点（5岁）：
我最喜欢去户外活动，
户外活动就是出去玩，
你可以玩得很开心，
大型玩具、大操场、
沙水区我统统都喜欢。

第十八章 户外自由活动

核心关注

场地所有设施和材料适合幼儿自己使用。

☆帮助幼儿熟悉新环境、新设备和材料等。

☆培养幼儿户外自由活动的良好常规，根据场地功能属性及幼儿情况，做好安全教育与监护，确保活动的良好秩序与安全。

一、基本描述

户外自由活动是教师组织幼儿到适宜的户外场地开展的幼儿自主游戏活动。

二、对幼儿而言，在户外自由活动环节中可以——

☆充分接触户外的阳光和空气，增强环境适应能力。

☆充分享受自由自在的乐趣。

☆学习在活动中自己选择、自己负责、自我保护。

三、对教师而言，在户外自由活动环节中应该——

☆创建适宜的户外活动环境，确保

方法与流程

一、活动前的准备

(一)主班教师

1. 提醒幼儿做好参加户外活动的准备，如适量饮水、适宜着装及盥洗等。

2. 介绍当天活动的主要内容及规则，如场地范围、可选的器械与材料及活动的要求，强调活动安全事项。

225

3. 做好特殊活动项目的准备，如在运动场地视情况需要组织幼儿做好热身预备。

4. 关注个别幼儿的特殊需要。

（二）配班教师

做好场地的安全巡检和器械、材料的布置，视情况可以请部分幼儿一起参与。

（三）幼儿

1. 做好运动前准备，如饮水、盥洗、检查着装等。

2. 了解当天活动的主要内容及具体要求。

3. 可以参与活动场地的布置和器械准备。

二、活动过程中

（一）主班和配班教师

1. 做好区域分工，保证所有幼儿都在教师的视线范围之内，视情况需要适当移动巡视位置，相互协作。

2. 关注每名幼儿的安全，尽量在危险发生之前就排除相关因素。比如，关注幼儿是否产生口角或争抢，出现快速奔跑或粗鲁打闹现象时立即制止等。若出现意外事件，应按照幼儿园安全应急预案要求及时处理。

3. 观察幼儿的活动，积极回应幼儿

的需求，与幼儿交流他们游戏有关的想法。比如，为年幼的幼儿带入远近、快慢的概念，请幼儿谈谈他们计划做或者正在做的游戏等。

4. 提供适当的资源，以协助幼儿提升游戏水平，如为三轮车设置绕行的路障等；帮助幼儿发展正向的社会互动，鼓励轮流使用受欢迎的器材，鼓励合作使用器材，如双人摇船、长跳绳等。

（二）幼儿

1. 在教师指定范围内休息、观察自然、散步、使用运动器械或者自由玩耍等，并遵守有序活动、爱护器械等活动规则。

2. 根据自己在运动中感觉到的冷热情况增减衣服，身体不适或有其他需求时主动告诉教师。

三、活动后的整理

（一）主班教师

发出整理及集合的指令，组织幼儿将玩过的器械或材料归还原处、整理自己的衣物等，并列队清点人数。

（二）配班教师

带领值日生收拾、整理活动场地，协助主班教师组织列队、清点人数，检查是否遗漏衣物等。

(三)幼儿

收拾、整理器械、材料及个人衣物等，有序地离开场地。

经验小贴士

💛 活动场地和器械安全

活动场地和器械是幼儿户外活动中不可或缺的元素。户外活动强度大，幼儿在活动中容易兴奋，因此在选择活动场地时，要以平坦、舒适、安全为原则。首先，不规则且多障碍物的场地不适合进行跑步练习，粗糙的水泥地面不适合跳跃练习等。其次，器械的选择上要符合幼儿的年龄特点，避免过尖、过硬、过重的器械，特别是选用半成品的废旧材料时要本着安全的意识，进行清洁、消毒。最后，避免因器械使用不当而导致的安全问题。比如，①器械拿放环节无序导致幼儿拥挤受伤；②投放的器械种类过少，因争夺器械而发生安全事故；③窄小的场地内投放的器械种类过多，导致空间不足而引起器械伤人现象，建议可按照生均面积和人数比例投放器械；④投放的新器械(幼儿还不会使用或不能熟练使用的器械)种类过多，导致幼儿使用器械不当而受伤或伤及他人，建议新器械的种类宜以一二种为宜，并在使用新器械的初级阶段在相应独立的场地内进行。在幼儿进行活动的过程中，要做好保护性器械的提供，如软垫等。

💛 张贴明确易懂的标志

清晰明确的标志(图标指引、提示语等)可以引导幼儿有规则地取放器械，避免拥挤而发生安全事故，同时又培养幼儿良好的常规意识和安全习惯，如右进左出的箭头、器械摆放的图片等。

💛 教师明确合理站位

在户外活动时，教师应充分保证每一个幼儿都在自己的视线范围内，避免死角的出现。在此基础上，教师应站在幼儿日常户外活动中较兴奋的器械场地附近，如滑梯(易拥挤)、秋千架(易松手和碰撞)、小屋(易拥挤)等区域。教师应站在这些位置以防危险发生。在幼儿进行移动练习时，教师的站位应能随之移动，关注到每一个幼儿的表现，以便及时地处理突发事件。教师站位原则：①两位教师分开站，避免视觉盲区；②教师应建立流动站位意识，关注到每一个区域；③如有攀爬架或滑梯等器械时，应靠近器械站立。

💛 利用社区资源开展户外活动

在社区中开展户外活动给幼儿提供了与社会、自然接触的机会，能弥补幼儿园教育资源的不足，使幼儿在自然的环境中亲身感受、体验并获得丰富的感性经验，健康、快乐地成长。教师要根据幼儿园和社区的特点，有选择性和目的性地开展户外活动。比如，在草地上可进行滚爬、做操、踢球等活动；在健身区域玩单杠、荡秋千，并开展其他适宜的活动；在小公园走石桥、爬小山、跳台阶等，使幼儿得到全面、充分的锻炼。在选择社区环境时，教师或家长、助教应提前对该场地进行考察，及时对场地的安全隐患进行排查。最好是选择幼儿相对熟悉的活动环境。

💛 关注活动中的离群幼儿及有特殊需求的幼儿

在户外活动前，提醒每一位幼儿都要如厕和饮水等，做好活动前的准备，尽量避免活动中个别幼儿离群。如需要离群，应保证幼儿去的地方在教师的视线范围内或是由一位教师带领。

还有一些幼儿可能会因为身体原因（患病儿）或家庭养育情况（隔代养育缺少户外活动经验）而出现个别需求，甚至会拒绝进行活动。主要表现在：①哭闹，找自己最亲的人；②拒绝配合教师完成任何动作；③由于紧张而产生的腹痛、呕吐等现象；④如厕现象频繁。产生这些现象主要是因为：①运动过少；②性格胆小内向；③被过度保护；④社会性交往较弱，没有建立安全感；⑤曾出现过运动意外；⑥身体素质较弱，容易疲乏等。这时，教师应该抓住教育契机，做到个别关注。除了身体原因外，主动抱一抱幼儿，告诉幼儿教师会在他身旁保护他，让幼儿感受到教师的关注和呵护，减轻心理焦虑。教师也要根据幼儿的自身情况制订可行的活动目标。情况严重的幼儿，可先让其旁观，通过其他幼儿活动的积极性来感染和带动他的参与。

💛 冬天及时帮助幼儿增减衣物

冬天天气寒冷，如果在活动前脱掉幼儿的衣物，只会导致幼儿自身体温的下降，影响幼儿的正常活动，因此，建议在热身活动之后根据幼儿的自身情况来增减衣物。为了避免幼儿受凉，也可以在活动前帮幼儿在背上塞好毛巾，户外活动结束后直接将毛巾抽出，以避免幼儿在换衣服的过程中着凉。

💛 保证户外活动的时间和质量

很多幼儿园的户外场地和活动设施有限，导致各班级幼儿在户外体育活动时间不能同时进行。因此，可设定时间上不同年级互相错开的办法，也可在每个场地排出活动的时间表，按班进行轮流活动。这样既保证了幼儿的户外活动的时间，也保证了户外活动的质量。

参考案例

♥ 教育随笔一

户外活动中关注幼儿的特殊需求

深圳市第四幼儿园　张文华

又到户外活动的时间了。今天我设计了"猴子摘桃"的游戏，目的是让孩子们两手两脚着地爬行练习。我以猴妈妈的口吻对孩子们说："山上的桃子成熟了。今天请小猴子们到山上去帮妈妈摘桃子好吗？"孩子们都欢呼起来。这时我进一步提出要求："你们去摘桃时必须是两手两脚着地往前爬，还要攀上前面的小山坡。"游戏开始了，我发现贝贝一个人站在旁边一直没有动，我感到很奇怪。平时她是一个特别活泼的孩子，无论什么活动她都是抢着参加，今天怎么了？我走上前去拉着她的手问："贝贝，为什么不去摘桃子呀？"贝贝用眼睛看着我不说话，还用手摸着身上的裙子。我突然明白了，大班的孩子知道害羞了，让她这样爬小屁股肯定会露出来的，于是我

小声地说："要不要去换一条裤子呀？"贝贝无可奈何地说："我书包里全是裙子。"这时我灵机一动，那你来做猴妈妈，看谁的桃子摘得多。"好呀！"贝贝马上跳了起来，很快就进入了角色。孩子们看到妈妈换成了贝贝，也觉得很新奇，玩得更加起劲了。

🐦 反思

户外活动的组织跟室内活动一样，既要照顾到全面也要兼顾到个别，同时还要根据当时的情形随机应变，适时地转换游戏中的角色，以达到孩子们积极参与的目的。

♥ 教育随笔二

充分利用场地中的器械进行锻炼

深圳市第四幼儿园　张文华

体育游戏结束了，该到今天规定的户外场地进行活动了。我们今天的场地正好有攀爬架。想想今天的爬行练习，何不利用这些现有的器械，对幼儿进行进一步的爬行锻炼呢？我对孩子们说："在攀爬架后面也有很多桃子，请你们去帮妈妈摘回来好吗？"这时候，贝贝自告奋勇地说："老师，攀爬架我最厉害。"原来，攀爬架没有那么容易露出小屁股来。结果孩子们在有器械的活动场地也同样玩得兴致勃勃。这时候，我又让孩子们自由组合分配角色，自由选择大型器械，给幼儿一个自由的空间，让他们自己去探索，自由地发展。

🕊 反思

在户外场地中，教师往往忽略了一个很好的锻炼资源，就是利用场地中现有的固定器械对幼儿进行有针对性的锻炼，而这些固定器械，能弥补平时在体育课或体育游戏中难以达到目的的锻炼，如身体的垂吊练习，绳索的爬行、弹跳练习等。这样既保证了孩子们的户外活动时间，又让孩子们在原有的基础上得到进一步的发展。

素材选编

户外运动场地设施及材料提供清单

🕊 大型运动设施类

大型组合运动器械、淘气堡等。

🕊 单一功能运动器械类

走跑活动类：30米跑道，"雪糕"桶、行走的路径图贴纸，大步走、小步走、高人走、矮人走等图谱，计时器，接力棒等。

跳跃活动类：跳跳床、悬吊物（高度以幼儿跳起来可以碰到为宜）、跳格子布、呼啦圈、跳绳、皮筋、跨栏、跳马等。

钻爬和翻滚活动类：梯子、左右梯、竹竿梯、竹竿、绳梯、拱形门钻、阳光隧道、垫子、圆形钻圈、轮胎等。

攀登活动类：梯子、攀爬网、攀登墙、牢固的树等。

平衡活动类：不同高低和宽度的平衡木、竹梯、踩高跷、倾斜板等。

投掷活动类：不同重量的沙包，吸盘（用来投掷和接住），不同大小、类型和重量的球，可扔进东西的箱子或篮子，贴在墙上的投掷目标物，飞碟等。

玩球活动类：足球、篮球、羊角球、保龄球等。

运行活动类：小汽车、自行车、扭力车、平衡脚踏车、踩踏协力车、独轮车等。

日常材料及自制玩具类：轮胎、纸箱、纸盒、纸球、纸棒、报纸、纸板、奶粉罐、矿泉水瓶、饼干盒、彩带、毛巾、浴巾、塑料袋、塑料桶、绳子、凳子、圆圈、木板、木条、垫子等。

参考文献

1. 中华人民共和国教育部. 幼儿园教育指导纲要(试行). 北京：北京师范大学出版社，2001.

2. 李季湄，冯晓霞.《3—6岁儿童学习与发展指南》解读. 北京：人民教育出版社，2013.

4.［美］柯蒂斯，［美］卡特. 和儿童一起学习：促进反思性教学的课程框架. 周欣，等，译. 北京：教育科学出版社，2011.

5. 深圳市投资控股有限公司幼教管理中心. 幼儿园一日生活实施指引. 北京：北京师范大学出版社，2015.

6. 宋文霞，王翠霞. 幼儿园一日生活环节的组织策略. 北京：中国轻工业出版社，2012.

7. 深圳市投资控股有限公司幼教管理中心. 幼儿学习环境的创设. 北京：北京师范大学出版社，2014.

8. 李季湄，肖湘宁. 幼儿园教育. 北京：北京师范大学出版社，1997.

9. 朱家雄. 幼儿园课程. 上海：华东师范大学出版社，2006.

10. 张明红. 幼儿园课程中的小组学习活动与同伴合作. 幼儿教育(教育科学版)，2006(4).